문학과 법

문학과 법

2018년 11월 18일 초판 1쇄 인쇄
2018년 11월 25일 초판 1쇄 발행

엮은이 남형두
지은이 김영란·남형두·윤혜준·임헌영·정끝별·정명교
펴낸이 윤철호
펴낸곳 ㈜사회평론아카데미
편집 고하영·이선희·임현규·정세민
디자인 김진운
본문조판 민들레
마케팅 최민규
등록번호 2013-000247(2013년 8월 23일)
전화 02-326-1182(영업) 02-326-1130(편집)
팩스 02-326-1626
주소 03978 서울특별시 마포구 월드컵북로12길 17
홈페이지 www.sapyoung.com
이메일 academy@sapyoung.com
ISBN 979-11-88108-85-5 03300

* 일러두기
  ① 이 책의 사진 및 용어에 대한 설명 다수와 자료 글 '『즐거운 사라』는 과연 음란물이었을까?',
     '인권의 등불, 故 황인철 변호사의 삶'은 편집부에서 작성하였습니다.
  ② 이 책에 사용된 사진, 인용문 등은 가능한 한 저작권과 출처 확인 과정을 거쳤습니다.
     다만 미확인된 일부 자료는 저작권자가 확인되는 대로 정식 동의 절차를 밟겠습니다.

문학과 법

여섯 개의 시선

남형두 엮음

김영란 · 남형두 · 윤혜준 · 임헌영 · 정끝별 · 정명교 지음

사회평론아카데미

서문

김나지움 시절 토마스 만과 사귀었고 칼 야스퍼스와 교유하였으며 폴 틸리히와 책을 같이 쓰기도 했던 독일의 법철학자 구스타프 라드브루흐Gustav Radbruch는 교양이 닦인 사람만이 진실로 유능한 법률가가 될 수 있다고 했다.[1] 그 스스로 시詩와 사귀면서 성장했다고 한 라드브루흐는 교수 퇴임 전 자신이 일반적인 법학자가 아니었다고 고백했는데, 바로 그렇기 때문에 법학을 다른 관점에서 바라볼 수 있었노라고 회상했다.[2]

문학과 법을 적대적인 관계로 묘사하는 소설이나 기사는 수없이 많다. 법학에서 문학이나 음악, 미술로 전업한 경우는 많지만 상대적으로 그 반대의 경우는 드물다. 이런 통계 아닌 통계는 법학에 대한 이미지에 결코 이롭지 못한 것으로, 둘의 관계를 조금도 좁혀질 수 없게 만든다.

우리나라에서 문학과 법학의 관계는 유독 좋지 않았다. 법치보다는 덕치를 숭앙했던 유가적 전통까지 거론하여 그 원인을 찾는 것은 지나치게 거창하다. 오히려 서구의 근대 법(학)이 일본을 통해 들어오는 과정에서 법은 지배자의 언어였고, 해방 후에도 법은 권리보다는 의무를, 자유와 인권의 보루라기보다는 통제와 억

4

압의 도구로 기능했던 데서 그 원인을 찾는 것이 더욱 타당하다. 특정 이데올로기를 넘나드는 표현을 금기시하고 때로는 문학가, 예술가를 구금시켰던 오래지 않은 과거의 경험은 문학을 법의 피해자로 만들었다. 법으로 문학을 억압한, 이른바 필화 사건의 피해자는 멀리서 찾을 것 없이 이 책의 저자 중에도 있다.

종래 가해자와 피해자의 관계로 자리매김된 법과 문학을 화해시키려는 시도가 없지 않았다. 그런데 이런 구도에서는 대개 그렇듯 피해자의 시각에서 바라보는 경우가 대부분이었다. 피해자의 시각이라 하여 문학 쪽에서 법학을 바라본다는 뜻이 아니다. 그보다는 법학 쪽에서 문학을 얘기하는 경우가 일반적이었는데, 대체로 피해자의 입장에 서고자 했던 법학자의 법학과 법률가에 대한 자조自嘲라 해도 크게 틀리지 않을 것이다. 이런 시도는 오히려 일반이 법에 대해 갖는 부정적 인식을 강화하는 데 기여해 왔다. 나아가 문학의 오랜 주제인 인간과 법의 문제를 깊이 있게 다룬다거나, 단지 문학의 소재가 되는 것을 넘어 법이 문학에서 시작된 갈등을 다루고 해결하는 데에는 한계가 있었다. 이렇듯 인류의 가장 오래된 학문과 예술의 하나인 법학과 문학, 나아가 법학과 예술과의 왜

곡된 관계 설정으로 인한 사회적 비용은 이루 말할 수 없이 크다. 대표적인 예로 최근 발생한 신경숙, 조영남, 천경자, 『제국의 위안부』 등 문학과 예술 영역에서 발생한 법적 분쟁에서 판결로도 갈등을 종식시키지 못한 법(학)의 무력감은 여지없이 드러나고 말았다. 더욱 안타까운 것은 문학과 예술 분야의 갈등이 내적으로 해소되지 않고 법에 호소되는 경우가 갈수록 빈발하고 있는데, 법학의 문학에 대한 몰이해와 문학의 법학에 대한 편견이라는 상호 뒤틀린 관계로는 앞으로도 법 무용론無用論을 심화시킬 뿐 상호 존중하는 관계가 형성되기는 어려울 것이라는 전망에 있다.

　법은 텍스트다. 텍스트는 그 자체로 존재의 의의를 가질 수 없다. 콘텍스트를 명확히 이해할 때 텍스트로서의 법은 존재 의의를 가진다. 콘텍스트에 대한 깊은 이해는 법의 신뢰 회복에 필수적 전제요건이다. 콘텍스트로는 문학만 한 것이 없다. 인간과 사회의 갈등과 모순을 그만큼 간접 경험할 수 있는 콘텍스트가 없기 때문이다. 법이란 텍스트가 사회에 다가서기 위해서는 문학이란 콘텍스트를 투과하는 경험이 너무도 중요하다. 법과 문학의 관계는 옷과 몸의 관계와 같아서 이미 커버린 몸에 어린아이의 옷을 입힐 수 없듯, 때로는 법이 적극적으로 문학에 적응하기 위해 다가서는 노력이 필요하다. 법(학)의 유연성과 탄력성이 요구되는 대목이다.

　문학과 법(학)을 여전히 자유와 억압이라는 전근대적인 관계에 머무르게 하고 있는 고정 관념과 폐쇄된 구도는 양자를 화해할 수 없는 관계로 치부한 나머지 서로를 외면하게 하였으나 이는 법(학)과 문학, 둘 다에 유익하지 못하다. 서로 열린 관점에서 법(학)과 문학을 바라봄으로써 가해자와 피해자라는 적대적 관계를 극복하는 것은 문학과 법학을 더욱 건강한 긴장관계로 만들 수 있다. 이는 법과 법학의 본래의 모습과 위상을 복원하기 위해서 필요한 것인지도 모르겠다.

　필자는 문학과 법의 갈등을 이해하고 화해를 모색하기 위해 2017년 2학기 연세대학교 대학원에 〈문학과 법〉이라는 강좌를 개설했다. 당초 〈문학과 법〉 강좌를 통해 다루려 했던 주제들은 문학(예술) 표현의 자유와 법, 문학 표현과 표절, 문학에 나타난 법사상, 법에 나타난 문학/예술/용서/사랑, 문학적 상상력이 선도한 규범/법학 등이었다. 처음부터 이 강좌를 혼자 감당할 생각은 없었다. 대여섯 분의 강사를 초빙하여 강의를 듣고 대학원생들과 토론하는 식의 세미나 수업을 해야겠다는 생각으로 마음에 두고 있던 분들을 접촉했는데, 놀랍게도 한 분을 제외하곤 모두 강의를 수락해 주었다. 김영란(서강대학교 법학전문대학원 석좌교수, 전 대법관, 전 국민권익위원회 위원장), 윤혜준(연세대학교 영어영문학과 교수), 임헌영(민족문제연구소 소장, 문학평론가, 전 중앙대학교 교수), 정끝별(이화여자대학교 국어국문학과 교수, 시인), 정명교(필명 정과리, 연세대학교 국어국문학과 교수) 등, 면면을 보면 지금도 어떻게 한 강좌에서 이런 분들을 다 모시게 되었을까 하는 생각이 들 정도다. 그만큼 문학과 법이란 주제가 강력한 것이 아니었던가 싶다.

강좌는 매주 토요일 오전 10시부터 오후 1시까지 진행되었다. 대체로 강의가 1시간 반 정도 진행된 후에 필자의 지정 토론과 전체 학생들의 토론이 이어졌는데, 거의 예외 없이 오후 2시가 다 돼서야 끝이 났다. 그 좋은 계절의 토요일마다 점심시간을 넘겨 가면서까지 진행되었던 열띤 토론은 진행자가 나서지 않았다면 언제 끝났을지 모르는, 그야말로 학문의 즐거움 그 자체였다. 감동적인

한 학기가 지나고 강연으로 끝내기엔 너무 아깝다는 생각이 들어 필자는 위 다섯 분께 강연 내용을 책으로 펴내는 것이 어떻겠는지 의사를 타진하였다. 다시 한 번 놀랍게도 모두 흔쾌히 동의하여 옥고를 모으게 되었다. 아쉬운 것은 토론까지 담지 못했다는 점인데, 책이 나옴으로써 대학원 세미나 수업의 장을 일반 독자에 개방하였다는 것으로 아쉬움을 달래고자 한다.

원고를 모아 보니 당초 강좌를 개설했을 때의 기대를 뛰어넘는 수확이 있는 것 같다. 필자들 간에 서로 중복됨이 없이 선택한 문학과 법에 관한 흥미진진한 주제는 각각 오랫동안 경험하거나 연구해 온 것들이어서 글과 저자가 따로 존재하지 않는 진실한 내용을 담고 있다. 글을 읽기 시작하면 중간에 끊을 수 없을 정도다. 독자들 중에는 문학과 법에 관한 토론 주제로 삼아도 될 만한 논제를 찾아 반가워하는 이들도 있을 것이다. 나아가 학문적 가치가 높은 글도 있어 다른 연구자들이 믿고 가져다 쓸 수 있도록 주(註)를 달아 놓기도 했다. 앞으로 문학과 법에 관한 후속 책이 나올 때 디딤돌이 되었으면 한다. 부록으로 붙인 필자의 글, 「망월(忘月)―배심원단을 위한 표절 재판 보고서」는 『舎』 통권 제3호(2016)에 실렸던 것인데, 이 책에 묶여 다시 나오게 되었다. 문학과 법의 핵심 주제인 표절 논의에 관한 일종의 방법론을 제시한 글인데, 아직도 식지 않는 우리 문학계의 표절 논의를 합리적이고 이성적으로 다룰 수 있기를 바라는 마음에서 부록에 실었다. 정끝별 교수의 글과 같이 읽으면 좋을 것 같다.

이 책에 실린 글들은 필자들이 서로 다른 날 〈문학과 법〉 세미나 시간에 발표한 것으로서 토론의 산물이 아니다. 따라서 개별 글은 필자들 각자의 생각을 담은 것이어서 글에 대한 평가와 책임은 각자의 몫임을 밝혀 둔다.

〈문학과 법〉 강좌의 강사로서 강의와 저술을 함께해 주신 다섯 분의 선생님께 진심으로 감사의 말씀을 드린다. 이 강좌의 취지에 공감하여 후원해 준 대산문화재단과 어려운 환경에도 책을 출간해 준 사회평론아카데미에도 감사의 인사를 전한다.

사족으로 한마디 덧붙인다. 이 책에 들어 있는 필자의 원고는 이 강좌를 계획했던 작년 여름부터 준비했던 것인데, 글을 쓰는 중에 마광수 교수의 안타까운 소식을 접하게 되어 황망했던 기억이 지금도 남아 있다. 마 교수 생전에 필자의 글과 이 책이 나왔더라면 하는 부질없는 생각을 해본다.

법학은 인간을 비판하고 문학은 찬양한다는 점에서 차이가 있지만, 인간에 대한 사랑을 전제로 한다는 점에서 공통점이 있다고 한다. 인간은 문학과 법학의 공통의 주제요, 대상인 셈이다. 그 인간에 대한 애정 어린 시선이 법학과 문학으로 되튀어 오는 데 이 책이 일조하였으면 한다.

2018년 10월
〈문학과 법〉 강좌 책임교수
남형두

서문 4

판사와 책읽기 · 김영란 15

마사 누스바움과 시적 정의 │ 어슐러 르 귄의 상상 속 성별이 없는 세계 │ 조지 오웰과 인간의 자유 │ 프란츠 카프카와 접근 불가능한 법 │ 판사는 어떻게 사고하는가

법과 문학, 오만과 편견을 넘어 · 남형두 35

억압 │ 조롱嘲弄과 자조自嘲 │ 오만과 편견 │ 시차時差와 시차視差 │ 사법司法이 지배하는 주리스토크라시 │ 오만과 편견을 넘어
『즐거운 사라』는 과연 음란물이었을까?

재산권의 풍경 ─ 고전 영문학과 영국법 · 윤혜준 57

악마는 디테일에 있다 │ 민법이 생활 속에 스며든 영국 │ 문학작품으로 드러나는 재산권의 모습 │ 『오만과 편견』으로 보는 문학과 법 │ 『위대한 유산』으로 보는 문학과 법
부동산이 중심인 사회 ─ 오늘날의 대한민국과 근대 영국

국가폭력과 문학 ─ 5.16 직후의 필화 문학 · 임헌영 91

국가폭력과 한국 현대사 │ 필화와 국가폭력 │ 박정희 쿠데타의 국가폭력 │ 쿠데타 이후의 첫 필화 사건 │ 미국을 비판하는 문학에 철퇴 │ 반핵 문학의 원점 │ 맺는 말

영향·모방·인용·표절, 그 위태로운 경계들 · 정끝별   127

「타는 목마름으로」가 던져 준 텍스트 간의 유사성 │ 방법적 모방인용으로서의 패러디
와 그 유사 형식들 │ 표절/창작, 명백한 표절/방법적 표절의 경계들 │ 표절유희, 표절
시비, 그리고 표절 │ 표절을 대하는 우리의 자세

문학과 법의 정당한 싸움을 위하여 · 정명교   159

법과의 불화 │ 두 개의 가치 │ '법의 배반'에 대한 문학하는 자의 자기기만 │ 법과의
화해 │ 맺는 말
인권의 등불, 故 황인철 변호사의 삶

부록

망월忘月 ― 배심원단을 위한 표절 재판 보고서 · 남형두   189

언어의 불일치에서 온 비합리적 논의 │ 저작권침해인가 │ 그렇다면 표절인가 1 ―
「우국」의 독창성 │ 그렇다면 표절인가 2 ― 숨기는 것 │ 곁가지 ― 기준의 정합성 │ 후기

주   212

판사와 책읽기

김영란

1979년 서울대학교 법과대학을 졸업하였다. 1981년부터 서울, 부산 등지에서 판사로 일하다가 2004년부터 6년간 대법관으로 일하였고, 지금은 서강대학교 법학전문대학원 석좌교수로 재직하고 있다. 주요 저서로는 『판결을 다시 생각한다』(창비, 2015), 『김영란의 책읽기의 쓸모』(창비, 2016) 등이 있다.

   판사로서 오랜 세월 재판 업무를 하였으나 어떤 사건도 쉽게 결론 내리지 못했다. 판사로서의 적성에 대해서도 확신할 수 없었다. 그 어려움을 잊기 위하여 끝없이 책을 읽었다. 그러므로 책읽기가 판사의 직업에 큰 도움이 되었다고 자신 있게 말할 수도 없다. 그러나 급변하는 시대 상황에서 법은 어떤 속도로 변화에 적응해 나가야 하는지, 법과 정치의 적당한 거리는 이느 정도인지, 판사로서의 자신을 구성하고 있는 선입견에서 얼마나 자유로운지 하는 정답을 찾기 어려운 문제에 대한 고민을 멈출 수 없었고, 그럴 때에는 늘 책읽기에 도움을 요청한 편이었다. 〈문학과 법〉의 강연에서도 각자가 살아가면서 느끼는 자신의 한계를 조금이나마 넓혀 주는 데는 책읽기만 한 것이 없다는 평소의 생각을 담아 보았다.

테드 창Ted Chiang은 중국계 미국인으로 쓰는 족족 유명한 상을 휩쓰는 과학소설 작가로 유명하다. 그가 1990년대 후반에 발표한 과학소설 『당신 인생의 이야기Story of Your Life』는 지구에 도착한 외계인들과 소통하는 임무를 맡은 언어학자의 이야기이다. 이 소설은 〈Arrival〉이라는 제목의 영화로 만들어져 한국에서는 〈컨택트〉라는 이름으로 개봉되었다.

이야기는 주인공이 지상 여기저기에 정체불명의 거대한 외계 물체가 나타나기 시작했을 때의 일을 아직 태어나지 않은 딸에게 들려주는 형식으로 전개된다. 언어학자인 주인공은 외계인과 소통하는 임무를 부여받자 미지의 언어를 습득하기 위해서는 실제로 그 언어를 모국어로 사용하는 이들과 직접 교류하는 방법밖에 없다고 주장하면서 용감하게 직접 부딪치기를 택한다. 헵타포드hepta-pod('hepta'는 그리스어로 7이라는 뜻)라는 이름이 붙은 외계인은 일

판사와 책읽기

곱개의 가지가 맞닿는 곳에 올려 놓은 통처럼 생겼다. 몸통 아래로 7개의 가지가 늘어져 있고, 몸통 꼭대기를 둘러싸고 눈꺼풀이 없는 7개의 눈이 있으며, 7개의 가지 끝에는 네 개의 손가락이 달려 있다. 그리고 몸통 꼭대기의 오므라진 구멍에서 내는 퍼덕거리는 소리로 의사소통을 한다. 그것은 마치 "물을 뒤집어 쓴 개가 몸통을 후드득하고 흔들어 털가죽에서 물을 떨궈 내는 소리"와 엇비슷했다. 작은 가지 하나를 원형 화면이 설치된 대좌에 난 커다란 구멍에 집어넣자 어딘가 흘려 쓴 듯한 낙서 같은 느낌의 문자가 화면에 떠올랐다. 그 글은 전혀 글 같지 않았고, 오히려 정교한 그래픽 디자인의 집합체처럼 보였다. 비음운적인 그들의 언어를 익히면서 주인공은 생각하는 방식 자체가 바뀌는 것을 경험한다. 소리로 말하는 사람의 사고는 음운으로 부호화되어 있다. 사고란 마음속에서 소리 없이 말하는 과정이라, 수화를 써서 말하는 사람은 손동작으로 부호화된 사고를 할 것이다. 그러니 비음운적인 언어로 소통하는 헵타포드의 사고는 또 다른 방식일 것이다. 주인공은 헵타포드의 언어를 습득하면서 사고가 그림을 통해 부호화되는 것을 경험하고 그들의 사고방식을 깨달아 간다. 문장은 문맥을 알지 못하면 이해할 수 없는 경우도 있다. 예컨대 "The rabbit is ready to eat"이라는 문장에서 'rabbit'이 'eat'의 목적어인지 주어인지에 따라 전혀 다른 의미가 된다. "그 토끼를 먹을 준비가 됐다"일 수도 있고, "그 토끼가 (무언가를) 먹을 준비가 됐다"일 수도 있다. 이와 같이 언어와 문장과 사고는 연결되어 있다고 주인공은 생각한다.

법률가의 작업에도 이런 연결이 있다. 일상을 법률로 병치시키는 것이 법률가가 하는 일이다. 먼저 일상 언어를 법률 언어로 바꾸고 사건·사고의 법률적 의미를 찾아내는 식이다. 소설 속에서 언어학자는 수학자나 외교관, 군인들이 풀어내지 못하는 외계인의 사고방식을 깨우치고 전달한다. 그렇다면 법률가란 외계인과 맞닥뜨린 언어학자라 할 수는 없을 것인가. 법률을 공부하고 법률가가 된다는 것은 법률이라는 언어를 배우는 일이고, 법률가란 법률이라는 외계의 언어와 일상이라는 지구의 언어를 매개하는 일을 하는 사람은 아닐까.

마사 누스바움과
시적 정의

마사 누스바움Martha Nussbaum은 시카고대학교 로스쿨에서 〈법과 문학〉이라는 수업을 맡아 로스쿨 학생들과 함께 문학작품을 읽으면서 『시적 정의Poetic Justice』라는 책을 썼다. 법은 보편성을 문제 삼는 것이고, 문학은 개별성을 문제 삼는 것인데, 그 둘이 어떻게 연결 가능한지가 누스바움이 지닌 의문이었다. 누스바움은 계량적이고 기계적인 합리성보다는 '인간적이고 다양한 가치를 지닌 공적 합리성 개념'이 공적 추론에 더 기여할 수 있다고 주장한다. 그런 관점에서는 "서로를 온전한 인간으로 보는 것"이 정의이므로 정의란 '시적 정의'일 수밖에 없다. 시적 정의를 추구하기 위해서는 재판관은 문학적 재판관이 되어야 한다. 책의 마지막 장에서 "문학적 재판관은, 휘트먼의 시집 『풀잎』에 나오는 시인과 같이, 풀잎사귀들 속에서 모든 시민들의 평등한 존엄—또한 성적 갈망과 개인적 자유의 보다 신비로운 이미지들까지도—을 본다"고 한다.

누스바움은 '문학적'이라는 말을 과학적 사고와 대비해서 설명한다. 과학이라는 이름하에 행해지는 경제학적 사유는 "인식 가능한 세계의 질적인 풍성함, 인간 존재의 개별성과 그들의 내면적 깊이, 그리고 희망, 사랑, 두려움 따위는 보지 못한다. 또한 인간으로서 삶을 산다는 것이 어떤 것인지, 의미 있는 삶은 어떤 것인지를 알지 못한다. 무엇보다 인간의 삶이라는 것이 신비하고도 지극히 복잡한 어떤 것이라는 점, 그리고 그 복잡함을 표현하는 데 적합한 언어들과 사유의 능력을 통해 접근해야만 한다는 점을 보지 못하는 것이다"라고 지적한다. 반면 문학은 세상을 환원적으로 바라보지 않고 질적인 차이들에 주목한다. 누스바움은 소설이 "인간의 개별성에 대한 존중과 질적인 것으로부터 양적인 것으로의 환원 불가능성에 대한 인정, 세계에서 개인에게 일어나는 일들은 모두 매우 중요하다는 인식, 그리고 삶에서 일어나는 사건들을 마치 개미나 기계 부품의 움직임이나 동작같이 객관적인 외부의 관점에서 보는 것이 아니라, 인간 존재가 자신의 삶에 다층적인 의미를 부여하듯 삶 속에서 우러나오는 시선으로 바라보는 묘사"를 하는 특징이 있다고 한다. 그리고 이러한 문학작품을 읽는 독자들은 자연스럽게 작품 속에서 일어나는 사건들에 대한 공평한 관찰자가 되는 훈련을 받게 된다는 것이다. 누스바움은 공평한 관찰자란 "자신이 목격하는 사건에 개인적으로 연루되지는 않지만, 그들을 염려하는 친구로서 그들에게 관심을 갖는" 관찰자라고 한다.

마사 누스바움(1947~)
세계적으로 저명한 철학자로, 현재 시카고대학교 교수로서 철학과와 로스쿨에서 강의하고 있다. 고대 그리스 로마 철학, 정치철학, 페미니즘, 윤리학 등이 주요 연구 주제이다.

관찰자로서 그는 자신의 개인적인 안전과 행복을 고려하지 않으므로 편향적이지 않지만, 그러면서도 자신의 앞에 있는 사람들의 처지를 자신의 것처럼 상상한다고 한다. 누스바움은 재판관이 갖추어야 할 공적 합리성은 바로 이 공평한 관찰자의 감정이라고 말한다. 물론 기존의 법령과 판례에 관한 지식이나 재판의 제도적 역할에 대한 인식 등이 전제되어야 하지만, 문학적 상상력은 재판관이 자신 앞에 놓인 사건의 사회적 현실과 고상하게 거리를 두지 않고 '구체성과 정서적 응대'를 바탕으로 철저하게 검토할 수 있게 해준다고 한다.[1]

누스바움은 미국에서의 재판 사례 몇 가지를 예로 들면서 문학적 재판관을 설명하고 있는데, 그중 하나가 '메리 J. 카아 대 제너럴 모터스 사건'에 대한 미 제7연방항소법원 판결이다. 사건은 메리 카아Mary J. Carr가 직장 내 성희롱에 대한 구제를 요청한 것이었다. 제1심 법원은 성희롱 혐의가 직장 내에서 흔히 일어날 수 있는 단순한 성적인 농담 수준의 행동이었고, 이러한 가벼운 장난에 대해서까지 회사에서 조치할 수는 없었다고 하여 회사 측에 유리한 판결을 선고하였다. 항소심에서 리처드 포스너 Richard Posner 판사는 제1심 법원의 판결이 메리 카아가 겪은 일들을 평가하는 데 있어서 오류가 있었다고 지적했다. 카아가 겪은 일들을 생생하게 묘사한 다음 그녀가 겪은 일들을 남녀 노동자가 같이 합작한 단순한 농담이나 장난 같은 것으로 보아서는 안 되며, 직접적인 대상이 된 그녀의 입장에서 생각해 보아야 한다고 판단했다. 그녀가 숙녀답지 못한 행동을 했기 때문에 스스로 이러한 행동을 야기했다는 제1심 법원의 입장에 대해서도 왜 숙녀답지 못한 행동이 적대적이고 희롱적인 반응을 유발해야 하는지도 의문이지만, 메리 카아 입장의 비대칭성이 고려되지 않았다는 점이 문제라고 지적하였다.

> 왜 '숙녀답지 못한' 행동이 통속적인 반응이 아닌, 적대적이고 희롱적인 반응을 유발해야 하는지에 대한 질문은 차치하고, 설령 카아가 '사내들 중 한 사람'이 되기 위해 그런 식으로 말하고 행동했다는 증언을 (그럴듯한 이유에도 불구하고) 무시한다고 해도, 그녀의 말과 행동은 남성의 것들과 비교될 수 없고, 그들의 행동을 정당화하거나 고용인의 혐의를 면해 주는 데 이용될 수는 없다. … 입장의 비대칭성을 고려해야 할 것이다. 그녀의 '얼간이'와 같은 용어 사용이 그렇게까지 겁을 주는 행동이 될 수 없고, 거친 남성 동료 중 한 명의 허벅지에 손을 올린 것 역시 위

협적인 행동은 아니다. 그리고 '해부학 수업'을 위해 음란한 사진을 가지고 온 것도 그녀가 아니다.[2]

그는 이런 상황에 대해서 회사가 진정으로 속수무책이었고 그들이 했어야 할 모든 조치를 취했다고 볼 수도 없다고 판단하고 메리 카아를 위한 구제책을 결정하였다.

반목질시하는 고용인들 사이에서 벌어진 성희롱 사건의 혐의와 무혐의를 고용주가 가려내는 것은 어려운 일이지만, 지금 우리가 다루는 상황은 수년에 걸쳐 한 여성에게 조직적으로 가해진 터무니없는 성희롱에 대해 나라에서 가장 거대한 기업 중 하나인 제너럴모터스가 스스로 속수무책으로 효과적인 대응을 하지 못했다고 주장하는 사건이다. 그 어떤 합리적인 사람도 제너럴모터스가 진정으로 속수무책이었고, 그들이 합당하게 취했어야 할 모든 조치를 취했다고 상상하기란 어렵다. 그들(혹은 최소한 가스 터빈 부서)은 심지어 성희롱 문제가 면전에서 일어나고 있었음에도 이를 풀려는 의지가 없었고 즉각적으로 해결할 수 있는 능력이 없었다는 증거 역시 명백하다. 조사과정에서 그들의 노력은 적극적이지 못했고, 징계처분의 노력은 없었으며, 구제노력도 형식적이었다. 미 해군이 군함 승무원에 여성을 수용하였듯이, 제너럴모터스도 여성 한 명을 양철 작업장 내에 수용할 수 있어야 했다.[3]

누스바움은 포스너 판사가 사용한 문학적 접근 방식이 사회적 불평등에 처한 사람들의 특수한 곤경, 그리고 거기에 따르는 어느 정도의 무력함에 대해 공감하는 관심과 재판관을 연결시켜 줄 수 있다고 하였다. 직장 내에서든 사회 내에서든 위협과 적대에 대하여 법적인 조치를 구하는 사건에서 입장의 비대칭성은 반드시 고려되어야 한다는 사고도 그런 공감에서 나오는 것이다. 계량적이고 기계적인 보편성만을 추구한다면 인공지능이 재판하도록 하는 편이 더 정확할는지도 모른다. 그러나 그 중립성은 누스바움의 표현에 따르면 '기이한 화성인 같은 중립성'이다. 인공지능이 하는 재판과는 다른 재판을 하기 위해서는 이처럼 문학적 접근 방식이 필요할 터이다. 그리고 이는 사고의 유연성을 지켜 나가는 문제이기도 하다.

어슐러 르 귄의 상상 속
성별이 없는 세계

어슐러 르 귄Ursula K. Le Guin이라는 과학소설가가 있다. 과학소설 부문의 노벨문학상이 있다면 제1순위로 받아야 한다고들 했다. 그러나 안타깝게도 2018년 벽두에 88세로 세상을 떠났다. 소설『어둠의 왼손The Left Hand of Darkness』서문에서 그는 "1968년『어둠의 왼손』을 쓰기 시작한 이유는 성이 없거나 양성을 가진 인간들에 대한 사고실험을 소설로 쓰고 싶어서였다"고 한다. "왜 종교, 정부, 군대,

대학과 같은 커다란 기관들은 남성에 의해 세워지고 지배되는가? 우리 성性에 따른 결과라고 여겨지는 행동들 가운데 사실 우리 사회가 우리 성에 기대하는 결과로 인한 것은 얼마나 되는가? 성이 없거나 양성을 가진 사람들은 어떻게 행동할까? 그런 사람들로 구성된 사회는 어떤 모습일지에 대한 사고실험을 쓴다면 어떨까? 그런 사람들은 어떻게 행동할까? 그런 사람들

어슐러 르 귄(1929~2018)
미국의 소설가. 판타지, SF소설을 비롯해 동화, 단편집, 시, 수필 등 많은 작품을 남겼다. SF/판타지 소설에 대한 가장 권위 있는 상인 휴고상과 네뷸러상을 2회 이상 수상한 작가이자, 이 분야에서 가장 영향력 있는 여성 작가였다. 사회학, 인류학, 심리학, 환경, 동양철학, 페미니즘 등의 주제를 다루어 SF/판타지 소설에 깊이를 부여한 작가로 평가받는다. 대표작은 어스시 시리즈, 『어둠의 왼손』, 『하늘의 물레』 등이다.

로 구성된 사회는 어떤 모습일까?" 같은 당시의 남자와 여자의 상대적 지위에 대한 의문에서 파생된 궁금증 때문이었다고 밝히고 있다.

그의 상상력이 도달한 세계는 '게센Gethen'이라는 겨울왕국이었다. 그곳은 처음에는 지구인들의 식민지였다. 지구인들은 인간 유전자를 조작하여 대부분의 시간은 성이 없다가 한 달에 한 번 잠시 성이 발현되는 시기가 생기며, 어떤 때는 여자였다가 어떤 때는 남자가 되는 성적 특성을 지닌 사람들을 만들어 내었다. 빙하기가 닥치자 지구인들은 떠났고, 너무나 혹독한 겨울왕국이 지속되었다. 이들은 전 생애의 5분의 4의 기간 동안은 성적으로 전혀 자극

되지 않는다. 다른 세계와는 달리 여성들이 생리적, 육체적으로 출산에 묶이지 않고 모든 사람들이 부담과 특권을 동등하게 나누어 가진다. 그런 탓인지 게센인들은 타인을 남자나 여자로 보지 않는다. 그러나 그들은 잠재적으로 양성을 갖고 있으므로 중성도 아니다. 각자는 오직 하나의 인격체로만 존중되고 판단된다. 인간성에 대한 강자와 약자의 이분법은 존재하지 않는다. 그 결과인지 전쟁이 없다. 그들은 매우 경쟁적이기는 하지만 아주 공격적이지는 않다. 서로 한두 명씩 죽이는 일은 있지만 열 명 스무 명씩 죽이는 일은 드물다. 수백, 수천 명을 살육하는 일은 한 번도 일어난 적이 없다. 그 이유가 지속적인 성적 능력과 조직화된 사회적 공격성이 없기 때문인지 잔인할 정도로 추운 세계에 살기 때문인지는 알 수 없다는 것이 게센 행성에 대한 작가의 설명이다.

작가는 "전쟁이 없는 세계를 상상하려다 남자가 없는 세상에 도착하게 되었다. 남자 자체가 없는 세상, 늘 남자인 존재, 자신을 증명하려는 존재가 없는 그런 세상에…. 그렇다면 그 사람들은 어떤 때는 여자가 될 수 있을까? 그리고 그 반대도 가능할까?"라는 사고의 과정을 거쳐서 겨울행성을 창조해 냈다고 한다.

성전환자의 가족관계등록부 정정을 허용할 것인지의 문제라든가 동성결혼 허용의 문제뿐만 아니라 양심적 병역거부 문제, 종교가 다른 사람들 간의 갈등 등 서로 다른 사람들이 함께 살아가면서 발생하는 새로운 문제들이 일상적으로 제기되는 시대이다. 서로 다른 사람들이 힘의 과시를 통해 강하다고 판명된 쪽으로 묶이는 방식이 근대까지의 방식이었다면, 서로 다른 사람들이 함께 공존하는 방식을 추구하는 것이 현대 사회이다. 공존하기 위해서는 다르다고 해도 상대방에 공감할 필요가 있고, 공감하기 위해서는 르 귄과 같은 전복적 상상력을 발휘할 수 있어야 하며 사고의 유연성을 잃지 않아야 한다. 하물며 서로 다른 사람들 사이에서 일어나는 갖가지 법률적 사건들에 개입해야 하는 법률가라면 말할 필요도 없을 것이다.

조지 오웰과
인간의 자유

전체주의는 사고의 유연성을 참지 못한다. 그걸 잘 보여 준 대표적인 문학작품이 조지 오웰George Orwell의 소설들이다. 스페인 내전에 참가했던 오웰은 스탈린이 좌파의 헤게모니 장악을 위해 다른 사회주의자들을 탄압하고 숙청하는 과정을 목격하자 실망하지 않을 수 없었고, 그 실상을 『카탈로니아 찬가Homage to Catalonia』*에서 알렸

....

* **『카탈로니아 찬가』** 조지 오웰의 1938년 작품이다. 바르셀로나를 중심으로 하는 카탈로니아(카탈루냐)는 스페인 내전(1936~1939) 때 파시스트 세력에 맞서 격렬히 싸운 지역이다. 오웰도 참전해 카탈로니아 사람들과 함께 싸우다 목에 부상을 입고 1937년에 전장을 떠난다. 이 전쟁에는 프란시스코 프랑코의 파시스트 세력에 맞서 많은 지식인이 공화파로 참전했으나, 프랑코 세력의 승리로 끝나게 된다.

다. 프랑코 반군에 대항하기 위해 스페인 제2공화국 정부가 소련으로부터 무기를 공급받기 시작하면서 권력이 공산주의자들에게 넘어가기 시작했고, 파시스트를 막는 것이 중요했던 다른 조직도 공산주의자들에게 협력했다. 그러나 공산주의자가 지배한 정부는 점점 여론을 왜곡

조지 오웰(1903~1950)

하면서 오웰이 속한 통일노동자 소속 부대와 무정부주의자들을 고립시키고, 무기를 몰수하고, 재판 없이 구속하거나 총살하기 시작했다. 위험해진 오웰은 스페인을 탈출했다. 그럼에도 카탈로니아에서의 시간은 이론적으로만 가능할 법한 완전한 평등이 아주 가깝게 실현된 시간이었고, 그는 그 시간을 오랫동안 기억에 간직하고 싶어 했다. 패배와 좌절을 겪고 나서도 인간의 품위에 대한 믿음이 오히려 강렬해졌다고 오웰은 고백하였다.

　　그 후 그는 스탈린을 비판하기 위하여 『동물농장Animal Farm』을 썼고, 또 전체주의를 고발하기 위하여 『1984』를 쓰기에 이르렀다. 『1984』는 오세아니아, 유라시아, 동아시아라는 세 거대세력에 의해 분점된 세상을 배경으로 한다. 이 책의 주인공인 윈스턴 스미스는 그중 오세아니아에서 살며 진리부라는 곳에서 일하고 있다. 그는 그곳에서 과거의 역사를 조작하는 일을 한다. "과거를 지배하는 자는 미래를 지배하고, 현재를 지배하는 자는 과거를 지배한다"는 생각이 근저에 놓여 있다. 국민들은 알면서도 조작된 과거에 속

는다. 다른 국가와의 전쟁은 지속적으로 발생하는데, 전쟁은 외부의 적을 만들어 내부를 결속시키기 위한 것으로서 내부 평화를 위한 수단이다. 빅 브라더는 텔레스크린을 통하여 끊임없이 사람들을 감시하고, 신어를 통해 사상을 조작하기를 일삼는다. "전쟁은 평화", "자유는 예속", "무지는 힘"이 당의 3대 슬로건이다. 신어를 만드는 작업은 새 단어를 만들어 내는 일이 아니라 오히려 기존의 단어를 없애서 단어를 최소화하는 작업이다. 파기되는 대부분의 단어들은 동사와 형용사이지만 명사들도 상당수 제거되고 있다. 예를 들어 '좋다'라는 단어는 유지되지만 '나쁘다'라는 단어는 유지될 필요가 없다. '안 좋다'라고 하면 되기 때문이다. '훌륭하다', '근사하다'라는 표현도 '더 좋다', '더더욱 좋다'로 표현하면 충분하므로 없애고 있는 단계이다. 신어의 목적은 사고의 폭을 줄이는 데 있다. 이단적인 생각을 표현하는 방법을 원천적으로 차단해 버려서 사상 범죄를 실제로 불가능하게 만들려는 것이 목적이다. 그렇게 언어 작업이 종결되면 혁명이 완수된다는 것이다. 그리고 혁명이 완수되면 자유라는 개념 자체가 존재하지 않게 되고, 생각할 필요성 자체가 없어진다. 과거의 모든 문학은 사라지고 초서, 셰익스피어, 밀턴, 바이런 같은 작가들의 작품들도 원래의 모습과는 정반대의 모습이 되어 있을 것이라 한다. 윈스턴 스미스는 불법으로 금지된 일기 쓰기를 통해 그 사상 체계에 반하는 감정들을 키우지만 결말은 해피엔딩이 될 수 없다. 단어를 줄이고 표현 방법을 단순화시켜 생각할 필요 자체를 없애는 것이 빅 브라더의 빅 픽처라는

1949년의 오웰의 통찰은 오늘날 더 설득력이 있어 보인다. 세계화와 인터넷 정보의 범람이 사고의 폭을 줄이고 생각할 필요성을 없애고 있기 때문이다. 사고의 폭과 깊이, 유연성을 지켜 나가는 방법이 무엇인지를 함께 고민해야 할 당위는 1949년의 오웰보다 현재의 우리에게 더욱 크고 절실하다.

프란츠 카프카와
접근 불가능한 법

프란츠 카프카Franz Kafka는 법률을 전공하였으나 산업재해보험공단에서 근무하면서 작가로서의 길도 병행하였다. 그가 1915년에 완성한 소설 『소송Der Prozess』은 그의 사후 1925년에 출판되었다. 이 작품은 수수께끼 같은 소설이라 단정적으로 평가하기는 어렵다. 조지 오웰과 같은 통제와 감시 사회를 예견한 작품이라 평가되기도 하는 반면, 1914년 7월 펠리체 바우어Felice Bauer와 파혼한 후 죄책감에 쫓기면서 자기고발과 자기심판이라는 내적 소송을 수행한 것이라는 평가도 있다. 어느 쪽으로 해석하든 이 소설에서는 모든 다락방에 법원 사무국이 존재하며 모든 것이 다 법정에 속해 있다는 점이 특이하다. 소설의 뒷부분에는 유명한 우화 「법 앞에서」가 성당에서 마주한 신부와의 대화에서 나오고 있다. 독립된 단편으로도 읽히고 있는 이 우화는 법 앞에 서 있는 문지기와 시골 사람의 이야기이다. 법 안으로 들여보내 주기를 기다리며 수많은 세월을 기다리던 시골 남자는 결국 법 앞에서 죽고 문지기는 입구를 걸어 잠근다는 이야기 자체는 잘 알려져 있지만, 이 우화가 무엇을 얘기하려고 하는지에 대한 해석은 분분하다. 시골 남자는 법이 아니라 법의 대리

프란츠 카프카(1883~1924)

물, 법의 특정한 형태, 법조문, 판결 등과 마주할 뿐 법 자체는 부재한다고 자크 데리다Jacques Derrida는 해석했다. 법은 포함과 배제를 결정짓는 것인데 우화에서는 시골 사람을 배제시키고 있다고 해석하는 조르조 아감벤Giorgio Agamben의 견해도 있고, 법의 문이 닫히고 난 뒤에야 비로소 그곳에 들어설 수 있다는 메시아적 해석도 있다. 소설 속에서도 신부는 그 우화에서 속은 사람이 시골 사람인지, 문지기인지를 가지고 요제프 K와 논쟁한다. 그러면서 신부는 "모든 걸 진실이라고 생각할 필요는 없고 다만 필연적이라고 생각해야만 한다"고 강조한다. 법과 자유의지의 관련성에 대하여 의문을 던진 통찰이라고 한다.

카프카는 「만리장성 축조 때Beim Bau der Chinesischen Mauer」라는 단편에서 황제의 밀지라는 무조건적인 명령은 그 내용이 알려지지 않는다고 하였다. 『소송』에서는 법의 요구에 응답함으로써 유죄성이 점점 더 증가하여 결국 처형되는 요제프 K의 이야기를 하고 있다. 카프카가 무의미하지만 유효한 법에 복종하면서 살 수밖에 없

판사와 책읽기

는 프라하의 유태인을 이야기하는 것이라는 견해도 있다. 어떤 해석을 따르든 결국 『소송』이나 「법 앞에서」가 '법에 접근할 수 없음'에 관한 이야기임은 부인할 수 없다. 카프카가 그의 시대에 겪은 '접근 불가능성'의 문제를 그렸다고 한다면 과연 현재의 법은 접근 가능한가.

판사는
어떻게 사고하는가

누스바움이 소개한 메리 J. 카아에 대한 판결은 리처드 포스너 판사가 선고하였다. 포스너는 미국 시카고대학교의 로스쿨 교수이면서 앞서 보았듯 연방항소법원의 판사로 오랫동안 일했다. 법경제학 분야를 처음으로 개척한 사람으로 알려져 있으며, 제러미 벤담 Jeremy Bentham의 공리주의를 그 기본으로 하고 있었으나, 2008년 미국의 경제위기 이후부터 미묘한 입장의 변화를 보이고 있다고 평가되기도 한다. 그는 2008년에 출간한 『법관은 어떻게 사고하는가 How Judges Think』라는 책에서 법관이 판결하는 데 영향을 미치는 것이 무엇인지를 여러 각도로 분석하고 있다. 그에 의하면 "법관은 안타깝게도 도덕적으로나 지적으로나 초인이 아니며, 예언자도, 신탁을 전하는 사람도, 민중의 대변인도, 계산에 뛰어난 자도 아니다. 그들은 자신이 처한 노동시장의 조건에 여타 노동자와 똑같이 반

응하는, 너무나 인간적인 노동자일 뿐이
다."[4] 그리고 "경험주의적 연구에 따르
면, 대법관뿐 아니라 많은 법관의 판결
은 자신의 정치적 성향 또는 기타 법 외
적인 요인, 가령 개인의 성격이나 개인적
또는 직업적으로 겪었던 지난 일의 영향
을 크게 받는다." 베이즈 정리 Bayes' theorem

리처드 포스너(1939~)

란 "어떤 정보를 제한적으로 알고 있을 때 데이터가 많을수록 전체
확률값을 더 정확하게 알 수 있다"는 것이다. 그런데 법관도 기질,
인종이나 성별 같은 개인의 배경적 특징, 인생 경험, 이데올로기 등
에 근거하고 있는 정리된 인식의 틀에 따라 형성된 선입견을 가지
고 사건을 판단하게 된다. 법관이 심리에 임하기 전의 평가가 베이
즈 정리에 따른 '사전 확률 prior probability'이라면, 심리를 마친 이후의
평가는 사후 확률이 될 것이다. 둘을 대비해서 보면 사전 확률은 법
관의 선입견으로 형성되는 것임을 알 수 있다. 그리고 법관이 심리
를 거치면서 얻는 정보들이 애초의 사전 확률을 완전히 제거하지는
못한다. 선입견이 사건의 결론을 좌우할 수 있다는 것이다. "우리는
객관적인 방식으로 사물을 보려고 한다. 그럼에도 우리는 자신의

....

- **베이즈 정리** 사전 확률과 사후 확률의 관계를 나타낸 정리이다. 사전에 알고 있는 조건들이
  있는 경우, 즉 조건부 확률을 구하려 할 때 베이즈 정리를 이용하게 된다. 그 식은 'Pr(A|B)
  = Pr(B∩A) / Pr(B)'이다. 여기에서 Pr(B)는 B의 사전 확률, Pr(B∩A)는 A와 B가 동시에
  일어날 확률이다. 이로부터 Pr(A|B), 즉 B가 주어졌을 때 A의 사후 확률을 구할 수 있다.

두 눈 말고 다른 것으로 사물을 볼 수는 없다."[5] 선입견은 종종 무의식적으로 작동한다. 많은 사람들은 감정적·직관적·상식적 사고를 하는데, 이런 단축된 사고가 무의식적인 선입견이 활동할 여지를 넓게 열어 놓는다. "법관들이 입법적·정치적인 어떠한 역할도 절대하지 않고 단지 법의 신탁을 전하는 사제, 즉 명령을 내리는 사람이 아니라 명령을 전하는 사람이 되기를 진정으로 원했다 하더라도 그들이 처해 있는 상황이 그들을 그렇게 하도록 허용하지 않았다."[6] 이런 상황에서는 다양성을 갖춘 사고를 하는 사법부를 구성하는 것이 인식론적으로 더 건강하며 더 큰 지식과 통찰을 보여 줄 수 있다고 한다. '좋은 법'과 '확실한 법'은 늘 긴장 관계에 있기 때문이다.[7]

누스바움이 염려한 화성인적 중립성이라든지 사고의 경직성은 법률가에게는 법규주의의 신봉으로 나타난다. 포스너는 법규주의란 "법적 규칙이라는 대전제를 출발점으로 하는 법률적 삼단논법에 따라 판결을 내리는 것"이라고 하면서 "법규주의는 분명 존재하며 법관이라고 무엇이든지 다 할 수 있는 것은 아니다. 다만 법규주의의 왕국은 무너져 왔고 오늘날 법규주의는 주로 일상적인 사건 정도에 제한적으로 적용되는 반면 법관에게는 아주 많은 자유가 허용된다"고 한다.[8] 그런데도 로스쿨에서나 법관들 스스로는 법관들을 "제한된 지성으로 불확실성의 바다를 향해가는 인간"이 아니라 마치 컴퓨터처럼 취급하기도 한다고 지적하고 있다. 법적 판단에서 문학적 사고의 중요성을 강조하는 것과 포스너의 지적들은 일맥상통하지 않나 생각해 본다.

법과 문학,
오만과 편견을 넘어

남형두

서울대학교 법과대학을 졸업하고, 미국 워싱턴대학교 로스쿨(University of Washington School of Law)에서 석사(LL.M.)·박사(Ph.D.) 학위를 취득했다. 사법시험 합격 후 변호사로 일하다가, 2005년 연세대학교로 옮겨 현재 법학전문대학원에서 저작권법 등을 가르치고 있다.

저자는 저작권법을 크게 '정직한 글쓰기'와 '문화와 법', 두 갈래로 나누어 연구하고 있다. 전자는 주로 표절 관련 연구윤리에 집중되는데, 『표절론』(현암사, 2015)이 그 연구 결과다. 2017년 홍진기법률연구재단은 법학 저술부문 상을 제정하면서 이 책을 첫 번째 수상작으로 선정했다. 2016년에는 「법률가와 표절」이라는 논문으로 한국법학원이 주관하는 제20회 법학논문상을 수상하기도 했다. 후자는 저작권법의 대상인 문학, 미술 등 예술과 관련된 법률문제 연구로 이어지고 있는데, 이 책에 나온 두 편의 글이 그 산물이다.

* 이 글은 〈문학과 법〉 강좌가 진행되었던 2017년 10월 웹진에 기고했던 글(https://webzine.
    munjang.or.kr/archives/140860)을 토대로 이 책에 맞게 수정한 것이다. 이 글의 제목은 연
    세대학교 영어영문학과 윤혜준 교수와 대화하는 중에 얻은 것이다.

얼마 전 마광수 교수가 그의 시처럼 세상을 떠났다. 신문마다 그를 재조명해야 한다고 난리다. 덧씌워졌던 음란마귀를 걷어 내고 윤동주를 발굴한 청년 마광수를 복원해야 한다거나 박두진이 천거한 천재 교수였다는 식의 온갖 찬사가 넘쳐나지만, 퀭한 표정의 영정 사진 앞에선 그저 수북이 쌓인 국화처럼 덧없게 느껴진다.

억압

그와 일면식도 없던 나의 이름이 그의 이름과 함께 기사에 언급된 적이 있다. 2016년 11월 한 일간지와 인터뷰에서 신경숙, 조영남, 천경자, 그리고 박유하(『제국의 위안부』*의 저자)에 이르기까지 문학, 예술, 학술 영역의 논쟁이 툭하면 검찰이나 법원으로 향하는 현

법과 문학, 오만과 편견을 넘어

실을 비판하면서 해묵은 마광수의 『즐거운 사라』를 꺼냈는데, 어찌 된 영문인지 그 부분이 2017년 1월에 나온 마광수의 시 모음집 『마광수 시선』과 관련하여 언론에 보도되었다.

연세대 남형두 교수는 "마광수는 윤동주 시인 전문가였다. 재판을 받고 수감되는 아픔이 없었다면 어떻게 되었을까. 과연 그를 단죄한 결과, 법원과 검찰이 원한 대로 우리 사회에서 음란물이 없어졌는가."라는 견해를 최근 한 일간지를 통해 밝힌 바 있다.[1]

결과적으로 마 교수 죽음에 대한 헌사가 되어 버린 인터뷰 전후를 조금 더 옮겨 보자.

문학 속으로 법이 들어온 것이다. 문학적으로 좀 더 걸러질 필요가 있는 것을 과도하게 사법이 개입했다. … 온 국민을 초등학생 취급하지 말라는 얘기다. 필요한 경우 연령제한을 하면 된다. 어떤 표현이 들어가야 나의 문학이 된다고 한다면 그걸 뺄 경우 이미 예술가가 아니다. … 조영남이 예술을 위해 기꺼이 감옥에 가도 좋다는 자세를 취했더라면 어땠을까 싶다. 현대미술과 예술

....

• 「**제국의 위안부**」 일본문학을 전공한 박유하 세종대학교 교수가 2013년에 출간한 책. 일본군 위안부를 일본에 협력한 이들처럼 묘사한 것이 문제가 되어 명예훼손으로 민·형사재판이 진행되었다.

가를 주제로 좋은 논쟁을 벌이며 우리 문화계를 업그레이드시킬 수도 있었을 것이다. 때로 예술가는 시대와 불화했다.[2]

조롱嘲弄과 자조自嘲

내가 인터뷰에서 마광수 교수를 언급한 이유는 문화·예술의 사법화司法化를 비판하기 위해서였다. 돌이켜 보면 우리 사회에서 법의 잣대로 고꾸라진 문학이나 예술이 어디 한둘인가. 특정 이데올로기를 위반하거나 음란 표현이라는 이유로 발생한 각종 필화 사건은 문학을 법의 피해자로 만들었다. 가해자와 피해자의 관계가 되어 버린 법학과 문학의 관계에서 법, 법학, 법률가는 끊임없이 문학과 예술로부터 조롱을 받았다. 문학의 법에 대한 조롱은 판결이란 이름으로 행해진 억압에 대항하는 보복적 성격을 띠기도 했다. 그도 그럴 것이 일본 식민 지배와 독재 정권을 거치면서 법은 권리보다는 의무 중심의 지배자 언어로 인식되어 법(학), 법률가는 우리 사회에서 더욱 고립될 수밖에 없었다. 자유, 평등, 재산권과 같은 인권을 스스로 투쟁해 얻어 낸 사회에서 법을 보는 관점과 외세로부터 급하게 이식받아 그 번역물을 법전 속에 집어넣은 사회에서 법을 보는 관점은 처음부터 사뭇 다를 수밖에 없기 때문이다. 특히 문학과의 관계에서 법(학)의 이 같은 자리매김은 법(학)에 대한 부정적 이미지를 낳았고, 종래 '법과 문학'이란 제하로 이루어진 법

법과 문학, 오만과 편견을 넘어

학자들의 몇몇 저술은 문학의 이름으로 자행된 법(학), 법률가에 대한 조롱에 동조하는 자조의 수준을 넘지 못했다.

오만과 편견

법학에 대한 문학의 편견은 법학, 법률가에 대한 부정적 인식을 확산시키는 데 일조했다. 문학에 대한 법률가의 오만에 근거한 몰이해는 대표적으로 신경숙, 조영남, 천경자 등과 관련해 벌어진 법적 분쟁*에서 볼 수 있듯 법학의 무력감 혹은 무용론을 여지없이 드러내고 있다. 인류의 가장 오래된 학문과 예술이라 할 수 있는 법학과 문학이 서로에 대해 오만과 편견을 가짐으로써 발생하는 사회적 비용은 헤아릴 수 없이 큰데, 문제는 그런 혼란이 앞으로도 지속되리란 점에 있다.

　일찍이 법과 문학의 소원한 관계의 화해를 시도한 사람이 더러 있었다. 한승헌 변호사가 대표적이다. 등단 시인이기도 한 그는 법률가로서 문학을 소개하고 분석한 여러 권의 저술을 펴냈으며, 필화 사건을 당한 문인들의 변론을 도맡아 문인들의 변호사라고

....

* 　신경숙은 단편 「전설」이 표절논란에 휩싸여 2015년 검찰에 고발됐다. 조영남은 2016년 판매한 그림의 대작(代作) 문제로 기소되어 1심에서는 유죄, 2심에서는 무죄판결을 받았으며, 2018년 10월 현재 대법원에 재판이 계류 중이다. 2015년 천경자 화백 사망 후에도 〈미인도〉를 둘러싼 위작 논란은 법정 공방으로 이어지고 있다.

할 정도였다. 급기야 본인 또한 필화 사건으로 옥고를 치르기도 해 법과 문학의 갈등을 몸소 겪은 산증인이다.[3] 안경환 교수 역시 법학자로서 문학을 이해하려고 했다. 그만큼 많은 문학작품에서 법과 법률가의 흔적을 찾아내려 한 사람도 드물다.『즐거운 사라』의 형사재판에서 법원의 요청에 따라 감정인이 되어 음란물에 해당한다는 견해를 제시했던 안 교수는 훗날 재판을 회고하면서 자신도 이 사건의 피해자였다고 소회를 밝힌 적이 있다. 그의 말로는 나름대로 법과 문학 사이의 화해 조정자 역할을 해 왔는데, 이 사건으로 법과 문학을 가해자와 피해자로 만들어 결과적으로 둘 사이를 더욱 벌려 버렸고, 개인적으로는 자신이 가해자, 마 교수가 피해자가 되어버렸다는 것이다.[4] 안 교수의 말대로 음란물이란 판정보다 '하수도'란 자극적 비유가 문학계에 더욱 거슬렸을지도 모른다.

그런데 음란물에 해당한다는 감정서를 제출했던 안 교수나 이를 토대로 유죄판결을 선고한 판사에게 지금 시점에서『즐거운 사라』를 읽고도 같은 의견을 제시하거나 판결을 내렸겠냐고 묻는다면 그 답은 아마도 부정적이지 않을까 싶다. 마 교수가 말한 문학적 의도는 차치하고 표현 수위만 따져도 요즘과 같이 인터넷에 온갖 음란물이 넘치는 세상에서『즐거운 사라』는 음란물 축에도 못 낀다고 할 수 있다. 이처럼 불과 몇 년 사이에 한 작품에 대한 음란성 평가가 달라질 수 있다. 음란성이라는 것은 작품의 속성이 아니라 시대나 지역에 따라 다르고, 동시대 같은 지역에서도 그것이 놓여 있는 장소에 따라 달라지며, 누구를 대상으로 하는가에 따라 달

법과 문학, 오만과 편견을 넘어

라질 수 있다는 점에서 가변적이다. 이른
바 음란물의 가변성 또는 가변적 음란성
variable obscenity 이론 또는 개념이다. 음란
물이라는 이유로 출판사를 구하는 데 애
를 먹었던 블라디미르 나보코프의 소설
『롤리타Lolita』는 하버드대학뿐만 아니라
국내 주요 대학에서도 신입생 필독 추천
도서가 되었다. 그밖에도 법정에서 음란
물이란 딱지가 붙여진 소설들이 불과 1

『롤리타』 1955년 초판

세기도 지나지 않아 고전의 반열에 오른 예는 많이 있다. 파리
오르세 미술관에 있는 귀스타브 쿠르베의 〈세상의 기원L'Origine du
monde〉이란 1866년 작품은 여성의 성기 주위를 확대해 사실적으로
묘사한 그림이다. 이 그림을 보러 오르세에 가는 관객들은 미술관
깊숙한 곳에 전시된 이 작품의 소재를 알기에 예상치 않게 이 작품
을 마주칠 염려가 없다. 누군가 이를 음란물로 치부한다면, 아마도
그 관람객이 이상한 사람일 것이다. 그러나 이 작품이 광장이나 고
속도로 톨게이트 근처 등 일반 공중이 쉽게 접근할 수 있는 개방된
장소에 놓여 있다면 오르세에서와 달리 매우 불편한 것이 될 수 있
다. 광장이라는 공공장소의 평온을 깨는 것이 되기 때문이다. 어떻
게 같은 작품이 몇 년 지났다고 해서 외설에서 예술로, 장소를 바
꾸었다고 해서 예술이 음란물로 둔갑할 수 있는가. 이처럼 음란성
이란 작품이 지닌 고정된 고유의 속성이 아니라 가변적인 것이다.

이렇게 속성으로서 고정적인 것이 아닌, 시대와 공간, 작가의 의도에 따라 가변적일 수밖에 없는 작품에 대해 특정 시점에서 그것의 속성을 묻고 답하는 일이 『즐거운 사라』 재판이었던 것이다. 읽는 이의 나이와 식견, 입수 경로에 따라 달리 해석될 수 있는 가변적인 작품을 죽은 고기에 등급을 매기듯 했으니 그 과정에서 작가의 의도가 고려되지 않은 것은 당연한 일이었는지도 모르겠다. 검찰이 기소하면 법관은 가부간 결론을 내야 하는 것이 재판제도이니, 판사나 감정인 모두 우문에 현답을 요구받았다는 점에서 안 교수가 그 자신 또한 피해자였다고 말한 것에 일면 고개가 끄덕여지기도 한다.

필화 사건치고 결론이 작가에게 불리하게 내려진 경우, 그것이 당대의 도덕 기준에 반한 것이든 이데올로기에 어긋난 것이든 간에, 후대에 잘된 재판이었다고 칭송받는 예를 찾기란 매우 어렵다. 그 이유는 단순하다. 특정 이념이나 종교, 도덕을 법을 집행하는 국가가 강제할 수 없기 때문이다. 문학이나 예술의 완성을 위해 법이 정해 놓은 선을 넘나드는 예는 예나 지금이나 예술가들의 특권처럼 인식되어 왔다. 학문과 예술의 자유는 끊임없이 외부의 간섭, 당대의 보편적 가치관 또는 윤리, 나아가 법규범과 갈등을 빚으며 발전하고 성숙해 왔다. 학문의 자유를 위해 종교 법정이나 세속 법정에 세워진 수많은 학자들이 있었기에 인류의 학문(철학, 과학 등)과 문화가 여기까지 발전했다고 해도 과언이 아니다. 우리의 경우에도 학문이나 문학 분야에서 적잖은 필화 사건이 있었다.[5] 예

　　　　　　　　　　　　법과 문학, 오만과 편견을 넘어

술 쪽으로 넘어오면 사회의 금기에 도전한 수많은 사례가 있다. 당대의 성 윤리를 넘어서는 안 될 벽으로 생각하지 않았던, 그리하여 법률이 정해 놓은 선을 수시로 넘나들었던 예술의 예를 열거하자면 지면이 부족할 정도다. 음란성이라는 주제만으로 보더라도, 20세기 최고의 소설 중 하나로 평가받는 『북회귀선Tropic of Cancer』의 작가 헨리 밀러는 당시 플로리다 주법에 의해 유죄판결state obscenity을 선고받았는데, 무려 30년이 지난 후에 이 판결은 연방대법원에서 파기되었다.[6] 제임스 조이스의 소설 『율리시스Ulysses』도 과거에 음란물 논란에 휘말린 적이 있다.[7] 『채털리 부인의 연인Lady Chatterley's Lover』 역시 출간 당시에는 음란물이라는 이유로 법적 절차가 진행되기도 하였다.[8] 그밖에 음란성이 문제가 됐으나 지금은 그런 문제 제기 자체가 문제가 되는 작품이 많다. 에드먼드 윌슨의 *Memoirs of Hecate County*, 어스킨 콜드웰의 *God's Little Acre*, 릴리안 스미스의 *Strange Fruit*, 시어도어 드라이저의 *An American Tragedy* 등이 그렇다.[9]

문학이나 예술 영역에서 권력에 대한 조롱과 풍자를 탄압한 것은 오래전 일만이 아니다. 2014년 광주비엔날레 특별전 '광주정신展'에서 홍성담 화백의 대형 걸개그림 〈세월오월〉은 끝내 전시되지 못했다. 세월호와 5 · 18을 연계해 그린 이 작품에서 대통령을 허수아비로 표현한 것을 트집 잡아, 당시 문화체육관광부 차관이 주최 측에 연락해 전시를 막은 것으로 알려졌다. 홍 화백은 대통령의 얼굴을 고치라고 해서 큐레이터와 상의해 얼굴을 하얗게 지워버렸다가 다시 닭대가리를 그려 넣었으나 결국 전시하지 못했다고 한다.[10] 2017년 1월 국회 의원회관 로비에서 열린 '곧바이전(곧, BYE 展)'에 전시된 이구영 작가의 「더러운 잠」은 프랑

에두아르 마네, 〈올랭피아〉, 1863년 작.

스 유명 화가 에두아르 마네의 〈올랭피아Olympia〉를 패러디한 작품으로 박근혜 당시 대통령의 얼굴을 그림 속 주인공의 나체와 합성한 것이었다. 이 그림은 반여성적이라거나 대통령에 대한 도를 넘는 모욕이라는 공격을 받았는데, 그 대상은 작가보다는 전시회를 주최한 야당 의원에게 향해져 결국 이 국회의원은 소속 당 윤리심판원에서 징계를 당했고 국회 윤리위원회에도 징계 회부되었다.[11] 풍자와 조롱의 형식으로 권력을 비판하는 예술 표현에 대해 정치권과 언론은 과거와 크게 다름없는 태도로 정쟁의 수단으로 삼고 있다.

금기를 처벌하는 수단의 예로는 특정 이데올로기를 법의 세계로 끌어들인 국가보안법만 있는 것이 아니다. 대통령을 쥐로 희화화한 그림을 공용 담벼락에 그렸다는 이유로 공용물손괴죄로 처벌한 사례가 있는가 하면(이른바 'G20 정상회의 포스터 쥐 그림 사건'),[12] 유행가 가사를 노동요로 개사한 곡을 만들어 노동자들에게 배포한 목사에 대해 달리 처벌할 죄목을 찾지 못해 저작권법위반죄로 처벌한 사례도 있다(이른바 '노가바 사건●').[13] 재물손괴죄나 저작권법위반죄가 정치적 목적으로 표현의 자유를 옥죄는 데 쓰일

법과 문학, 오만과 편견을 넘어

수 있다고 생각한 수사기관의 상상력이 놀라울 뿐이다. 법원은 질
문한 것(기소 내용)에 대해서만 답(판결)을 내놓을 수 있는 소극적
기관인 것이 사실이다. 그러나 '노가바 사건'은 대법원에서 최종
유죄로 확정되기 전에 항소심 단계에서나마 한때 무죄가 선고되
기도 했다는 점에서 법원의 한계를 이해하고 그 입장을 두둔하기
는 조금 궁색하게 되었다. 참여정부 때 도라산역에 설치한 벽화를
이명박 정부 들어 여론조사를 거쳤다지만 불과 3개월 만에 철거하
여 소각해 버린, 그야말로 예술에 대한 테러가 발생한 적이 있다.
자신의 작품이 사라진 것을 뒤늦게 안 작가는 정부를 상대로 소송
을 제기하였고 대법원까지 가서 최종적으로 승소하였다(이른바 '도
라산역 벽화 사건*).[14] 비록 손해배상을 받긴 했지만 작품은 이미 사
라져 버려, 위자료 몇 푼이 판결에서 말한 정신적 피해를 위로하고
보상할 수 있을지 의문이다. 십자군 전쟁을 치르는 등 수 세기에
걸쳐 앙숙 관계였던 가톨릭과 이슬람의 문화유산이 공존하는 스페
인 여러 도시의 성당을 생각하면, 정권 교체에 불과한 두 정치 세

....

- **노가바 사건** 1980년대 노동자들 사이에서는 대중가요의 가사를 바꾸어 부르는 이른바 '노
  가바'가 유행했다. 당시 노동운동을 하던 허병섭 목사는 이런 '노가바'들을 모아 『노동과 노
  래』라는 소책자를 만들었다. 허 목사는 지인들에게 책자를 무료로 나누어 주었을 뿐인데 경
  찰은 저작권침해를 이유로 입건했으며, 공안부 검사가 사건을 담당했다.
- **도라산역 벽화 사건** 작가 이반은 2005년 정부의 요청으로 생명·인간·자유·평화·자연
  을 주제로 경의선 도라산역 통일문화광장에 14점의 벽화를 그려 2007년에 완성했다. 하지
  만 2010년 통일부 소속 남북출입사무소 측은 "정치 이념적 색깔이 가미된 민중화 같다"는
  등의 이유로 작가와 상의 없이 일방적으로 벽화를 철거했다. 후에 작가가 돌려달라고 하자
  이미 소각해 버린 사실이 뒤늦게 알려져 더욱 큰 충격을 주었다.

46

력이 그렇게도 적대적이어야 했을까 하는 생각에 씁쓸해진다.

　법은 완전하지 않다. 법이 완전한 것이라면 개정은 필요 없을 것이다. 같은 법이 끊임없이 개정되고 있고, 앞으로도 그 작업이 끝나지 않으리라는 것은 그 자체로 법이 미완의 것임을 반증한다. 법은 당대의 윤리에 관한 최소한의 합의이자 정치에 따라 달라질 수 있는 이념의 반영체다. 이와 같이 시대에 따라 변할 수 있는 상대적인 법과 정치로 문학이나 예술을 재단하는 것은 매우 위험하다. 어떤 법률이 위헌으로 판정된다면 무효가 된 해당 법률로 행해진 재판의 결과는 재심으로 번복하고 구제할 수 있다. 그런데 시간이 흘러 당대 윤리 기준이 달라지고 정권이 바뀌어 지배 이데올로기가 달라졌다고 해서 그것을 바로 재심 사유로 삼을 수는 없다. 따라서 불완전한 법에 따라 단죄된 피고인들은 사회의 법정이 아닌 역사와 문학의 법정에서 심판받는 것을 기대하는 편이 나을지도 모른다.

　문학과 법의 갈등과 그로 인해 문학이 받은 피해를 후에 와서 법의 불완전성 때문이라고 말하는 것은 이유야 어찌 됐건 비겁하다는 비판을 받을 수 있다. 그런데 그것이 법이 갖는 한계에서 오는 것이라면, 문학과 법학에서 우리보다 앞선 나라들도 겪었던 것이고 우리만의 문제가 아니라는 점에서 비겁하다고만 할 수는 없다. 두 영역, 즉 문학이라는 예술 영역과 규범을 다루는 법학 영역이 갖는 두 가지 시차(時差, 視差)가 존재하기 때문이다.

시차時差와 시차視差

문학은 현재와 대화하기도 하지만 미래의 독자를 겨냥하기도 한다. 법도 마찬가지다. 그런데 법 영역을 좀 더 구획해 들어가면, 형법과 저작권법의 지향점이 다르다는 것을 알 수 있다. 형법은 현재의 질서와 안정을 중시하려는 기본 태도를 지향하는 반면, 저작권법은 창작자를 보호하는 동시에 개개인이 누려야 할 표현의 자유도 고려한다는 점에서 미래지향적이기도 하다. 예를 들면 음란성이 작품의 속성이 아니라 가변적인 것으로서 취향의 문제일 수 있다는 점에서, 이에 관한 형법적 판단과 저작권법적 판단은 다를 수 있다. 단적으로 소설『북회귀선』이 당대 음란물로 판정돼 밀러가 유죄판결을 받았다 해서『북회귀선』을 저작물로 보호할 수 없는 것은 아니다. 그 시대의 윤리 기준으로 볼 때 음란하다는 이유로 밀러의 손에 수갑을 채우는 것과 그 작품이 후대의 독자들에게 판단 받을 수 있도록 저작물로 보호하는 것은 별개라는 것이다. 만약 음란물이라는 이유로 저작권법상 보호받지 못한다고 하면,『북회귀선』은 누구나 같거나 비슷하게 써도 저작권 보호를 받지 못하여 오늘날까지 살아남지 못했을지도 모른다. 이에 대해 법에 의해 음란물로 단죄된 것을 국가가 나서서 저작권법으로 보호하느냐고 반문한다면[15] 이는 법리적으로 유치한 발상에 지나지 않는다.

다른 예를 들어 보자. 구청에 도로 점용료를 내지 않고 불법 영업을 하는 포장마차에서 음식을 먹은 사람이 불법 영업이므로 돈을 내지 않겠다고 하면 그의 행위는 정당할까? 나아가 돈을 내라고 한 주인에 대해 행패를 부리며 포장마차를 때려 부쉈다면 불법 영업이므로 영업방해죄가 성립하지 않는 것일까? 포장마차 주인이 점용 허가를 받지 않고 영업을 한 행위와 손님이 영업방해를 한 행위는 각기 다른 법률, 즉 도로법과 형법의 적용을 받게 될 것이다. 폭력을 행사한 손님을 영업방해죄로 처벌한다 해서 국가가 나서서 불법 영업을 보호하고 조장한다고 비난할 수는 없다. 마찬가지로 형법에 의해 음란물로 단죄된다 하여 저작권법상 저작물로 보호받지 못하는 것은 아니다. 작품의 도덕성을 따지지 않고 저작권으로 보호하는 것에 대해 법의 불일치를 비판한다면, 법이 그렇게 단세포적인 것이 아니라고 응대할 수밖에 없다.

　법이란 이렇게 다층적이다. 중요한 것은 법이 특정 행위를 겨냥하고 있는 경우다. 형법상 음란물반포죄가 그렇고, 국가보안법상 이적표현물제작 및 반포죄가 그렇다. 이런 법조항은 그 자체에 문제가 있다. 양심의 자유나 표현의 자유와 같은 기본적 인권의 본질적 부분을 제한하기 때문이다. 이같이 위헌적 소지가 있는 법률을 만들어서는 안 된다. 그런데 이미 만들어져 있는 법을 적용해야 할 경우 해석을 통해 좀 더 유연성을 발휘할 필요가 있다. 근본적으로는 이런 사건이 법원이나 검찰로 오지 않도록 해야 한다. 즉, 해당 영역에서 걸러져야 한다. 우리 사회가 법을 언제부터 그렇게 애용했는지 갈등만 생기면 분쟁을 경찰이나 법원으로 가져가려고 한다. 그런데 법정은 문제를 근본적으로 해결하는 곳이 아니다. 불과 1~2년 사이에 수갑을 찬 손과 수갑을 채운 손의 영욕이 갈리기도 했다. 그러니 더욱 법의 적용과 개입을 최소화해야 한다. 문학이나 예술 분야에 대한 검찰권 행사를 자제해야 한다. 그러나 그것만으로는 부족하다. 검찰이 나서기 전에 해당 분야에서 보다 치열하게 합리적으로 논의해야 한다. 조영남 사건이 그렇고 신경숙 사건이 그랬어야 했다.

사법司法이 지배하는 주리스토크라시

문학, 예술 영역의 논쟁이 조기에 법정 분쟁으로 전환되면 예술 사조의 발전이나 새로운 시대를 여는 예술이 나올 기회를 차단할 가능성이 있다.[16] 마르셀 뒤샹이 레오나르도 다 빈치의 〈모나리자〉를, 파블로 피카소와 살바도르 달리가 디에고 벨라스케스의 〈시녀들〉을 따라 했지만 뒤샹이나 피카소, 달리가 표절했다고 비판하지는 않는다. 오히려 피카소와 달리는 입체파, 추상파, 초현실주의라는 새로운 장場을 열었다는 평가를 받고 있다. 윌리엄 워즈워스William Wordsworth나 메리 셸리Mary Shelley의 표절 문제 역시 19세기 영국 낭만주의 문학에서 문학적 논쟁으로 승화되어 여성문학을 꽃피우는 계기가 되었다.[17] 예술계의 자치에 맡겨둠으로써 예술 논쟁을 거쳐 예술의 발전을 가져올 수 있음에도 성급하게 법이 개입하는 것(주리스토크라시 Juristocracy[•])은 예술의 자유와 발전을 저해할 수 있다. 워즈워스 외에 새뮤얼 테일러 콜리지 Samuel Taylor Coleridge, 조지 고든 바이런 George Gordon Byron은 영국의 낭만파 시인이라는 점에 공통점이 있지만 모두 당대에 표절시비에 휘말린 전력이 있다는 점에도 공통점이 있다. 그러나 이들을 두고 지금껏 표절 시인이라는 명예를 씌우지 않는다. 표절 논쟁은 당대 문학 논쟁 속에 고스란

디에고 벨라스케스, 〈시녀들〉, 1656년 작. 스페인의 화가 디에고 벨라스케스의 작품으로, 스페인 마드리드에 있는 프라도 미술관에 전시되어 있다. 실재와 상상의 구별을 불확실하게 하는 복잡하고 수수께끼 같은 구성 때문에 예술가들에게 연구와 영감의 대상이 되어 왔으며, 서양 미술사에서 손꼽히는 중요한 작품이다.

히 녹아들어 그 또한 문학의 일부가 되었기 때문이다.[18]

오만과 편견을 넘어

법의 관용, 법의 기다림 속에 문학은 발전하기도 한다. 그 점에서 법은 문학의 후원자가 되기도 하는 셈이다. 저열한 수준의 베낌

....

• **주리스토크라시** 법률가(jurist)와 통치(cracy)의 합성어로, 사회 전반에 법률이 과도하게 개입하여 민주주의나 사회의 자율성을 침해하는 것을 부정적으로 일컫는 용어이다.

을 패러디parody, 오마주hommage, 패스티시pastiche*라는 이름으로 포장해 창의적인 문학을 훼손하는 경우 법(학)은 문학을 지켜 주기도 한다. 문학에서 허용되는 패러디와 법이 허용하는 패러디가 반드시 일치하지는 않는다. 전자가 후자보다 넓다고 할 것이다. 그렇다면 그 사이, 즉 문학에서는 허용되나 법에서는 허용되지 않는 영역, 바로 이 지점에서 법과 문학은 긴장 관계에 놓이게 된다. 마치 비무장지대와 같은 그 경계의 모호함, 그것을 없애 문학과 법이 바로 맞부딪치게 하는 것보다는 그 모호함을 방치하고 이를 즐기도록 하는 것이 문학과 법 간의 바른 이해와 예의가 아닐까? 나아가 서로 쇳소리 나게 부딪치지 않는 소도蘇塗와 같은 영역이 존재하도록 내버려 두는 것이 필요하다. 굳이 따지자면 금을 그을 수 없는 저수지 한복판 어딘가에 그 경계가 있겠지만, 나누지 않고 문학과 법이 서로 퍼갈 수 있는 저수지가 넓고 깊게 있어야 한다. 그 저수지에 제인 오스틴의 『오만과 편견Pride and Prejudice』이 있고, 빅토르 위고의 『사형수 최후의 날Le Dernier Jour d'un condamné』이 들어 있다.[19] 법을 소재로 한 문학의 예를 들자면 끝이 없다.

반대로 법(학)은 문학의 저수지로부터 얼마나 많은 법사상과 정신을 길어 올렸던가. 문학적 상상력이 곧 법학적 상상력이 되기

....

* **패스티시** 여러 작품의 표현들을 한 작품에 모아놓은 혼성모방 표현을 말한다. 잡다하게 인용하여 단순히 베끼는 수준의 것으로, 원전의 주제나 기법을 깊이 있게 분석한 후 새로운 관점을 제시하는 패러디와 구분한다. 한편 저작권법학과 관련 판례에서는 패러디가 성립하기 위해 "풍자적 요소"가 있을 것을 요한다.

도 한다. 레프 톨스토이의『부활Voskresenie』에서 형벌론을, 존 스타인
벡의『분노의 포도The Grapes of Wrath』에서 노동조합의 탄생을, 대니얼
디포의『로빈슨 크루소Robinson Crusoe』에서 존 로크의 재산권에 관한
노동이론을 법학 서적보다 더 생동감 있고 설득력 있게 읽을 수 있
다. 미래 사회를 예견하고 선도한 문학서는 법학자들과 입법자들
에게 상상을 통해 미래를 미리 보여 주기도 한다. 요한 볼프강 폰
괴테는『파우스트Faust』에서 이미 시험관 인간을 예정해 놓더니 올
더스 헉슬리는『멋진 신세계Brave New World』에서 복제인간의 생명윤
리 문제를 암시하였다. 조지 오웰의『1984』에 나오는 텔레스코프
는 이미 사생활/프라이버시 침해에 따른 법률 문제를 던졌는가 하
면, 아이작 아시모프의『아이, 로봇I, Robot』은 최근 들어 인공지능
(AI)과 로봇이 가져올 파멸적 세계에 대한 규범을 만들 때 토대가
되고 있다. 법률가들의 생각이 근처에도 미치지 못했던 시기에 문
학가들의 상상력은 이미 소설 속에서 법률 문제를 암시하는 것을
넘어 규범까지 예정해 놓은 것이다. 이런 자양분으로 법(학)의 규
범들이 만들어지기도 하니, 문학이란 저수지로부터 퍼 올릴 인문
학적 지식이 없는 법학이란 얼마나 조야하고 답답한 것일까?

　법을 피도 눈물도 없는 것으로 치부한 나머지 희화하는 대상
으로 삼기도 하지만(『베니스의 상인』), 법에는 용서와 사랑의 제도
도 많이 있다. 독일의 법철학자 구스타프 라드브루흐Gustav Radbruch
는 문학은 인생을 예찬함에 반해 법은 인생을 비판한다는 점에서
차이가 있다는 취지로 말했다. 그러나 둘 다 인생과 인간에 대한

공감과 애정이 없으면 곤란하다고
했다는데, 법에 인간에 대한 이해와
사랑이 없다면 흉기가 되고 말 것이
기 때문이다. 또한 법에는 기본적으
로 강제력, 폭력이 수반되기 때문에
신중하고 조심스러워야 한다. 그런
데 문학과의 관계에서 법이 이기利器

구스타프 라드부르흐(1878~1949)
독일의 법학자이자 정치가이며, 바이마
르 공화국 초기에 독일 법무부장관을 역
임했다. 20세기의 대표적인 법철학자로
손꼽힌다.

또는 흉기가 될지는 이를 운용하는
법률가에 달려 있기에 법률가의 문
학에 대한 이해와 소양은 아무리 강조해도 지나침이 없다. 법학의
문학에 대한 오만과 문학의 법학에 대한 편견을 모두 극복해야 할
때가 왔다.

『즐거운 사라』는
과연 음란물이었을까?

1992년 10월 29일 연세대학교 국어국문학과에 재직 중이던 마광수 교수는 음란물을 썼다는 이유로 구속된다. 그가 쓴 소설 『즐거운 사라』가 사회 윤리와 도덕을 파괴하며 청소년의 모방 성범죄를 유발할 수 있다는 것이 그 이유였다. 보수적인 사회에서 프리섹스와 쾌락을 추구하는 여대생을 주인공으로 한 이 소설은 당시 유통되던 에로틱한 소설들보다 특별히 더 음란

1992년 연행되는 마광수 교수

하다고 보기는 어려웠다. 하지만 명문대 국문과 교수가 썼다는 점에서 사회적 파장을 일으켰다. 사회지도층인 교수가 성 엄숙주의를 비웃는 소설을 내놓았다는 것이 보수적 가치관에 대한 정면도전으로 여겨졌던 것이다.

법과 문학, 오만과 편견을 넘어

마광수 구속에 항의해 문인 2백여 명은 '문학작품 표현 자유 침해와 출판 탄압에 대한 문학·출판인 공동 성명서'를 발표했다. 연세대의 제자들도 수사기관을 격렬히 비판하며 검찰청사 앞에서 시위를 하기도 했다. 하지만 마광수를 비난하며 처벌을 주장하는 이들이 더 많았고, 표현의 자유에 대한 옹호는 엄숙주의의 벽을 넘지 못했다. 그해 12월 28일 마광수 교수에게 징역 8월에 집행유예 2년이 선고된다.

이 사건으로 마광수는 교수직에서 해임되고 1998년에야 다시 교수직에 복직하게 된다. 하지만 이 기간 동안 겪은 고초와 절망감, 우울증은 여생 내내 그를 괴롭힌다. 교수 사회와 문학계에 완전히 녹아들지 못한 외부인으로 취급됐던 그는 퇴임 다음해인 2017년 9월 5일 자택에서 숨진 채 발견되었다.

마 교수는 생전에 "우리나라는 정치민주화는 많이 떠들고 있지만 문화민주화를 말하는 사람은 없다"며 "음란물을 심의하는 게 모두 제각각이고 음란 기준에 대한 사회적인 합의도 없는 상황에서 내가 표적이 되고 있다"고 말했다.[20]

재산권의 풍경
― 고전 영문학과 영국법

윤혜준

연세대학교 문과대학 영어영문학과 교수이다. 한국외국어대학교 영어과와 서울대학교 대학원 영어영문학과에서 영문학을 공부한 후, 미국 뉴욕주립대학교에서 영문학 박사 학위를 받았다. 영국 케임브리지대학교, 런던대학교, 서섹스대학교, 이탈리아 피렌체대학교에서 방문교수로 연구했다.

　　대표 저서는 『The Rhetoric of Tenses in Adam Smith's The Wealth of Nations(아담 스미스의 『국부론』의 동사시제의 수사학)』(Brill, 2017)로, 이 저서에서 경제담론에서의 시간성과 역사성의 문제를 탐구하였다. 이러한 탐구의 과정에서 스미스와 연관된 자연법사상도 다루었다. 연세대학교에서 〈문학과 법〉을 강의하고 있다. 저자가 문학과 법의 문제에 접근하는 방식은 관념적인 '철학'에 기대기보다는 역사적 사실과 문헌적 구체성에 천착하는 데 맞춰져 있다.

한국에서 '법'과 '문학'의 관계를 거론할 때 대개 양측 사이의 불화와 불협화음을 지적하는 경우들이 적지 않다. 흔히 문학적 표현의 자유에 권력이 족쇄를 채우는 데 법이 동원된 전력을 문제 삼거나, 아니면 문학작품이 법의 맹점과 비인간성을 고발해 온 대목들을 크게 칭송하거나 하는 식의 논의들을 볼 수 있다. 이 책에 수록된 글들에서도 그러한 논의들을 발견할 수 있다. 그러나 법이 문학과 협력 관계를 이룰 수 있는 층위 또한 적지 않다. 흔히 "법 없이 살 수 있는 사람"이라는 표현이 한국어에서 가끔 쓰이지만, 그리고 혹시 그런 사람이 한국 땅에 정말로 살고 있을지도 모르겠지만, 적어도 문학작품 창작, 출판 및 판매를 생업으로 삼는 사람들은 '법 없이' 절대로 못 산다는 점은 인정해야 할 일이다. 그걸 인지한 후에 '법'을 '문학'의 이름으로 고발하거나 조롱하는 것이 기본 예의일 듯하다.

악마는
디테일에 있다

사법부로 인해 창작의 자유가 억압되는 일들이 분명히 (특히 예전에는) 적지 않았다. 그러나 법과 문학의 관련성을 논함에 있어, 앞선 남형두 교수의 글이 분명히 밝히고 있듯이 형법과 저작권법이 각기 다른 방식으로 문학과 관계 맺어 왔음을 기억할 필요가 있다. '법'을 동질적 개념으로 설정하고, '문학'을 또 다른 동질적 개념으로 규정한 후 둘의 관계를 논하는 것은 별로 유익한 일이 될 수 없다. "악마는 디테일에 있다The devil is in the details"라는 법과 관련된 영어 속담은 법과 문학의 관계를 살필 때도 유념할 만하다. 예를 들자면 세밀한 법조항의 보호 없이 문학작품 저작권 소유자들(저자 및 출판사)이 먹고 살기는 힘들 것이다. 17, 18세기 영국이나 네덜란드에서 상업적 출판물 자유 시장이 정착되어 가던 시절에 저작권 소유자들은 재산권을 수호하기 위해 특허patent의 형태로 원고copy에 대한 권리rights를 사수하려 진력했다. 이들 저작권 소유자들은 거의 대부분이 출판업자들이었고, 저자는 원고를 팔아넘기며 돈 몇 푼을 받은 다음에는 본인의 저작물로부터 철저히 소외되곤 했다. 더욱이 초기 출판 시장은 '사기'의 자유를 보장하는 시장이었다. 표절과 유사 상품, 가짜 속편, 재수록 등은 늘 시장에 넘쳐났다. 이를 방지하려면 일일이 민사소송을 제기했어야 했다. 18세기 출판업자 간의 법정 분쟁 중 가장 유명한 소송은 1774년 '도널드슨 대 베케트Donaldson v. Becket 재판*으로, 원고에 대한 무한정 소유권을 제약하는 근거 판례가 되었다. 그러나 이 판례가 '저자'의 권리를 계몽주의적 이상에 맞춰 정립한 기념비라고 평가하기에는 런던 출판업자들과 스코틀랜드 출판업자 간의 치열한 밥그릇 다툼의 측면이 너무나 크게 눈에 들어온다. 18세기에서 20세기 초까지 이어진 숱한 법정 다툼과 정치적 로비 덕에 오늘날 대부분의 문명국가에서는 문학 출판업자와 문학 원고 생산자(저자)들이 배타적 수익을 확보하려는 싸움에 아까운 소송비용을 지불하지 않아도 된다. 출판업자들은 법의 든든한 보호를 받는 덕에 책 판매를 위해 평론가들을 동원하고 광고에 돈을 쏟아붓는다. 한국어 책 시장은 그 규모가 상대적으로 왜소하지만 세계적인 영향력을 지닌 영어책 시장에서 어떤 소설이 한번 '뜨면' 출판업자는 물론이요, 저자도 거부가 될 수 있는 시대가 오늘날 아니던가. 게다가 영화각색 저작권film rights까지 합치면, 있지도 않은 허구를 지어낸 대가를 저자들이 엄청나게 많이 또 심히 오랫동안 챙겨 가는 시대를 우리는 살고 있다. 그렇다면 모든 문학과 예술 종사자들은 먼저 저작권법 및 이 분야 법률가들에게 깊은 감사의 마음을 품어야 옳

....

• **도널드슨 대 베케트 재판** 스코틀랜드 출판업자 도널드슨은 잉글랜드 출판업자 베케트가 출간한 문학작품을 베케트의 허락 없이 (당시 제정된 저작권법에 의거하면 권리가 소멸된 이후 시점에) 재출간했다. 이에 베케트는 사유재산권을 침해당했다며 소송을 건다. 최고 법원인 상원(House of Lords)은 작품의 공공성을 감안할 때 출판권은 영속적일 수 없음을 명시하며 피고의 손을 들어 주었다.

지 않을까.

하지만 앞의 글을 쓴 남형두 교수가 저작권법의 대가이니 필자가 저작권법을 굳이 더 예찬하거나 논할 의무나 자격은 없다. 대신 저작권법이 아닌 또 다른 법의 영역과 문학의 관계를 필자가 잘 아는 근대 영국의 경우에 국한해서 잠시 다뤄 보고자 한다. 미리 결론부터 제시하자면, 한편에서는 저자와 출판업자에게 벌을 주거나 원고를 검열해서 출판을 방해하고, 다른 한편으로는 국법을 힐난하고 위반하는 내용을 원고에 듬뿍 담아 대적하는 이 불균등한 싸움만이 법과 문학의 관계 맺음의 유일한 방식이 아니라는 것이 이 글의 주장이다.

문학이건 법이건, 둘 다 실제 생활에서 발생하는 다양한 갈등과 경쟁을 다룬다. 법정으로 가져간 분쟁들이 문학작품 안에서 등장할 수 있고, 법적으로 해결하지 못할 문제들이 문학작품에서 대안적으로 해결될 수도 있을 것이다. 공상과학소설이나 마법사 이야기가 아니라 실제 현실에서 만나는 사람들과 비슷한 인물들과 실제 현실에서 일어날 법한 사건들을 소재로 삼는 문학의 세계, 특히 소설에서는 법과 공유할 수 있는 문제와 상황들이 적지 않게 등장하기 마련이다. 이는 극단적으로 누가 누구를 죽인 살인 사건을 다루는 탐정소설을 염두에 둔 말이 아니다. 살인이 흥미진진한 이야깃거리이긴 하나 일상적인 현실에서 사람이 다른 사람의 생명을 빼앗는 일은 문명 세계에서는 예외적이다. 반면에 일과 보상, 특권과 이권, 상속받을 재산, 경제적 능력과 사회적 지위 등을 누가 가질 것인지, 누가 공유할 것인지, 그걸 누리는 자와 누리지 못하는 자 사이의 상반된 처지가 정당한지, 또한 있는 자는 없는 자와 어떠한 관계를 맺어야 할지는 사람 사는 세상의 보편적인 문제들이라고 할 수 있다. 이 문제들은 법과 윤리, 나아가 종교의 영역에 넓게 펼쳐져 있으나 크게 보면 민법적인 영역이라고 할 수 있다. '법과 문학'을 '민법과 사실주의 소설'로 국한시켜 살펴보면, 두 영역의 관계가 대립적이라고 할 수 없음을 알 수 있다.

영국법은 상속재산이 법 체계의 주춧돌이나 마찬가지였기에 영국문학, 특히 근대소설들도 상속재산과 상속자에 늘 관심을 기울였다. 상속의 문제는 우리나라에서도 민사소송의 단골손님이다. 한국 문학작품에서 상속을 다루는 일은 많지 않으나, '문학'의 영역을 넓혀 본다면 방송 드라마에서는 심심치 않게 등장하는 소재이다. 결혼으로 이어지는 남녀 간의 밀고 당기기와 배우자 후보 간의 경쟁은 영국 고전소설의 고정 메뉴 중 하나였다. 한국문학에서는 그렇지 않지만, 역시 방송 드라마로 눈을 돌리면 이것이 많은 시청자들이 애호하는 주제임을 알 수 있다. 한쪽에서 결혼을 하면 다른 쪽에서는 이혼을 하는 사람들도 있기 마련이다. 한국의 법정에서도 선진국 법정과 마찬가지로 이혼으로 인한 재산분할이 성장 가능성이 큰 소송 상품이 될 것으로 전망된다. 있는 자가 과연 윤리적으로나 인격적으로 있는 자다운 언행을 했는지의 문제는 문학작품에서야 깊이 따질 만한 문제일지 몰라도 법과는 별 상관이 없을 거라고 생각할 수 있다. 그러나 이는 사실이 아니다. 한

재산권의 풍경

국의 민사소송에서도, 재산분할 소송에서는 상대방이 (자식이나 배우자로서) '사람 도리'를 했는지 여부가 의당 분쟁의 영역에 포함된다. 문학과 민법이 서로 극히 친밀한 사이임을 발견할 수 있는 대목들은 이외에도 많을 것이다. 예를 들어, 사생활의 시시콜콜한 디테일에 대한 관심은 사실주의 소설과 민사법정의 공통분모라고 할 만하다.

"이렇듯 '자질구레한' 문제들을 다루는 것이 문학인가?", "무슨 멋진 철학적 살인자(알베르 카뮈의 『이방인』)의 독백이라도 나와야 문학이 아닌가?", 아니면 "고귀한 좀도둑(빅토르 위고의 『레미제라블』)이라도 등장해야지?" 하고 반문하는 독자들이 있겠으나, 영국문학의 전통에서는 이러한 '형이상학적' 경지를 탐험하는 경우들이 극히 드물다. 거기에는 확실한 객관적 이유가 있었다. 소설 시장이 번성하던 19세기 후반을 기준으로 볼 때, 값싼 속류소설들은 살인 이야기를 주로 다룬 반면—이것들은 '한 푼짜리 끔찍한 이야기들penny dreadfuls'이라고 불렸다—, 비싼 단행본이나 잡지 연재소설들은 중산층 독자들을 겨냥했기에 이런 독자층이 관심을 둘 법한 문제를 다루는 것이 상품 공급자들로서는 당연한 선택이었다. 아울러 재산권 및 금전적 배상을 축으로 삼는 민사적 사고방식이 깊게 배인 '법치rule of law' 및 '소송 문화litigation culture'—전자와 달리 후자는 다소 어감이 부정적이긴 하다—가 영국문화의 핵심 요소 중 하나라는 점도 '민법적' 주제들이 영국문학에 자주 등장하는 이유임이 분명하다. 영어 표현에는 법정에서 태어난 말들이 일반 언어 속을 활보하는 경우들이 적지 않다. 아주 쉬운 두 단어를 예로 들자면, 명사 'case'를 흔히 '경우'로 번역하지만 이 말은 '사건', '소송'을 의미하기도 한다. 또한 형용사 'fair'가 '공평하다'는 뜻으로 쓰일 때는 평결이나 판결이 합당하냐 아니냐를 지칭하는 법률적 용례가 내재되어 있다. 이밖에도 '결정이 어떻게 났어?'라는 뜻인 "what's the verdict?"(verdict는 배심원단의 평결을 뜻함)도 일상생활에 스며든 법적인 표현의 좋은 예이다. 이렇듯 영국인의 언어와 문화, 의식, 제도 속에 '민법적' 사고방식과 의식은 깊이 스며 있다.

민법이
생활 속에 스며든 영국

한 사회의 '법'이 '민'의 일상사에 깊이 스며 있다는 것은 그만큼 일반 시민들이 국가권력이나 다른 사적 개인(들)의 자의적 폭력으로부터 어느 정도 자유롭다는 증거이다. 각자 자신의 사유재산을 안정적으로 소유하고 사적 이익을 맘 놓고 추구하는 것은 국가가 임의로 개인들의 삶을 짓밟는 폭정, 개인이나 사적인 범죄 조직의 폭력, 다른 국가의 침입으로 인한 국가 간의 전쟁, 한 나라 안에서 벌어지는 내전 같은 상황 등을 크게 걱정하지 않아야 가능할 것이다. 섬나라 영국은 지난 세기까지 유럽대륙을 괴롭힌 국가(왕실) 간 전쟁에서 비교적 자유로웠다. 또한 영국에서 벌어진 마지막 내전은 17세기 청교도 혁명● 시기였고, 그 후로는 (적어도 잉글랜드에서는) 지금까지도 극심한 동족상잔이 없는 평화를 유지해 왔다. 영국은 또한 귀족이나 권세가의 초법적인 억압을 제어하는, 말 그대로 국가 전체의 공통법common law●이 중세부터 내려온 나라이다. 이 공통법의 핵심은 개인의 재산권을 보호하는 데 맞춰져 있었다. 흔히 '민주주의'[1] 전통의 초석 중 하나로 추앙되는 〈대헌장Magna Carta〉●은 국왕의 간섭에 맞서 귀족들이 각자의 사유재산권을 지키겠다는 선언에 다름 아니다. 세금 징수나 상속 간섭, 사유지의 목재나 기타 재산 강탈을 소유자 본인의 동의나 왕국 전체의 '보편적 동의general consent' 없이는 할 수 없다는 점을 명시한 조항들(12조, 18조, 30조, 31조 등)은 이 문건의 성격을 대변한다. 물론 〈대헌장〉이 명시한 바, 정당한 법에 의거하지 않으면 사람의 신체를 국가가 감금할 수 없

....

- **청교도 혁명** 영국에서 1640~1660년 청교도를 중심으로 의회가 국왕에 대항하여 봉기한 혁명으로, 이때 영국에서는 일시적으로 군주정이 폐지되고 공화정이 시행되었다. 혁명 과정에서 국왕 찰스 1세가 처형당한 후, 의회파 지도자 올리버 크롬웰(Oliver Cromwell)의 1인 독재체제로 흘러갔으나, 크롬웰 사망 후 왕정이 복고되었다.

- **공통법** 대륙법과 구분되는 영미법의 전통을 일컫는 말이다. 이 전통에서는 판례, 즉 이전 재판의 판결들이 만들어 낸 원칙들이 제정법과 동등한 권위를 갖는다.

- **〈대헌장〉** 1215년 영국의 존 왕이 귀족들의 강요에 의해 서명한 합의문이다. 왕이 귀족들의 신체와 재산에 대해 행사할 권리의 범위와 행사의 방식을 구체적으로 규정하여, 왕의 의지도 법에 의해 제한될 수 있음을 명시했다는 점에 의의가 있다. 시대가 흐르면서 이 합의문은 국가가 법에 의거하지 않고서는 함부로 국민의 권리를 침해할 수 없음을 명시한 헌법적 문서의 지위를 얻게 된다.

다는 39조 '인신보호청원habeas corpus'●도 '민주주의'의 초석이 될 중
요한 원칙이긴 하다. 그러나 〈대헌장〉의 조항들 대부분은 나의 '몸'
에 대한 권리에 선행해서 나의 '재산'에 대한 권리를 주장하려는 목
적에 맞춰져 있다. 영국에서 가장 오래되고 가장 권위 있는 헌법적
문서인 〈대헌장〉의 사유재산권 관련 조항들은 이후 온갖 재판과
법 제정의 조상이자 근거로 기능했다.

   역사의 시계를 좀 더 빨리 돌려서 17세기 초로 와 보자. '민주
주의' 발전사의 또 다른 중요한 문건에 속하는 〈권리청원Petition of
Rights〉●은 3조에서 400여 년 전 〈대헌장〉을 거론하며, 인신보호청
원과 아울러 "사유재산freehold 내지는 자유권liberties"은 정당한 법적
절차를 거치지 않는 한 박탈할 수 없다는 것이 모든 '권리rights'의
요체라고 선언한다. 여기서 주목할 점은 '자유'라는 명사가 단수가
아니라 복수라는 것이다. 이는 〈권리청원〉이 이해하는 '자유'가 미
국 독립선언문이나 프랑스 혁명에서처럼 추상명사로 표현될 보편
적 정치 이념이 아니라 구체적으로 '셀 수 있는' 실체로서의 '자유'
임을 뜻하는 것이다. 즉, 이 문서에서 자유란 "자유롭게 사유재산

················

- **인신보호청원** 'habeas corpus'는 신체의 자유를 보장하는 제도이다. 〈대헌장〉 39조에
  서는 "자유민은 동등한 신분을 가진 자에 의한 합법적 재판 혹은 국법에 의하지 않고서는
  체포, 감금, 추방, 재산의 몰수 또는 어떠한 방식의 고통도 받지 않는다."고 하여 이를 규정
  하였다.
- **〈권리청원〉** 1628년 영국 의회가 국왕 찰스 1세에게 의회 및 일반 시민의 권리를 군주가
  존중해 줄 것을 청원한 문서이다. 자의적인 체포와 구금의 금지, 민간인에 대한 군법 재판
  금지, 의회의 동의 없는 과세 금지 등을 내용으로 한다.

재산권의 풍경

권을 행사할 수 있는 자유"임을 '자유권'을 '사유재산'과 같이 묶어 놓으면서 분명히 강조하고 있다. 〈권리청원〉을 작성하는 데 주도적인 역할을 한 인물은 에드워드 쿠크 경 Sir Edward Coke[2]이다. 국왕 찰스 1세에 대항한 정치가로 활약하기 전에, 쿠크는 존경받는 법률가로서 숱한 재판에 참여하였고, 무엇보다도 오랜 세월 영국에서 '법학개론' 격의 교재로 이용된『잉글랜드법 원론Institutes of the Lawes of England』(1628-1644)[3]의 저자로 명성이 높았다. 이 방대한 저술의 반 이상을 차지하는 1권과 2권은 재산권과 관련된 다양한 판례와 제정법을 다루고 있는데, 토머스 드 리틀튼Thomas de Littleton이 '법률 프랑스어Law French•'로 쓴 논저에 대한 논평의 형식으로 전개된다. 쿠크가『잉글랜드법 원론』1권에 제시해 놓은 도표를 보면, 영국법의 핵심은 '재산권estate', 특히 '공통법'에 근거한 재산이며, '재산권'의 다양한 형태 및 소유권 자격을 파악하는 것이 영국법을 공부하는 사람의 과제임을 보여 준다.

이 도표에서 쿠크가 말하는 'estate'는 부동산을 지칭하기에, 우리말의 '재산'으로 번역하면 다소 오해의 소지가 있다. 그리고 이 'estate' 중 'fee simple'을 제외하면 재산권에 다양한 제약들이 붙어 있기에 일반적인 의미의 '사유재산'으로 이해할 수 없는 면도

....

• **법률 프랑스어** 영국 법정에서는 노르망디 공 윌리엄 1세의 정복 여파로, 11세기부터 14세기까지는 중세 프랑스어로 소송을 진행했다. 영어로 소송을 진행하게 된 이후에도 프랑스어에서 온 용어들이 그대로 사용되었고, 오늘날 사용되는 영미법 법률용어에도 중세 프랑스어는 상당수 남아 있다.

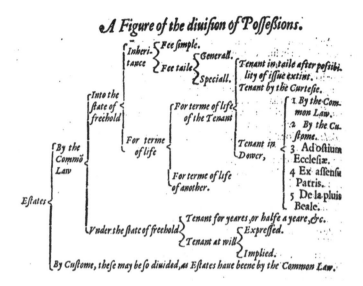

에드워드 쿠크 경, 『잉글랜드법 원론』 1권, 권두 도표

있다. 그렇기는 해도 쿠크의 『잉글랜드법 원론』이 사적 개인의 '권리'를 부동산 소유 및 거기에서 발생하는 임대료에 대한 권리로 파악하고 있음을 강조하려면 '재산권'으로 옮기는 것이 제일 타당할 듯하다.

문학작품으로 드러나는
재산권의 모습

쿠크의 동시대인 중에는 '영문학'을 대표하는 작가, 윌리엄 셰익스피어가 있다. 미국에서 '법과 문학'을 논하는 학자들은 예외 없이 셰익스피어의 『베니스의 상인The Merchant of Venice』의 5막 샤일록 재판 장면을 거론하곤 한다. 베니스의 존경받는 무역상 안토니오는 절친한 친구 바사니오가 벨몬트의 부유한 상속녀 포시아에게 청혼하러 갈 노잣돈을 마련해 주기 위해 유태인 고리대금업자 샤일록에게 돈을 꾼다. 마침 안토니오의 전 재산이 무역화물선에 묶여 있던 형편이라 현금이 부족했던 까닭이다. 샤일록은 평소에 자신을 멸시하고 또 무이자로 자금을 빌려줘서 자신의 생업을 위협하던 안토니오를 몹시 증오하나 기꺼이 돈을 빌려주겠다고 한다. 대신 가슴 살점 1파운드를 담보로 잡아 놓자는 농담 같은 제안을 한다. 대범한 성품의 소유자 안토니오는 그렇게 하자는 각서에 흔쾌히 서명한다. 그런데 안토니오의 배들이 다 난파당했다는 소문이 돌자 샤일록은 채무변제를 하라고 압박하더니, 급기야 돈을 못 갚을 것이면 각서대로 살점을 떼어 가겠다며 소송을 제기한다. 이때 구원자로 등장한 포시아는 남자 법학박사로 변장한 채 샤일록에게 자비를 호소한다. 그러나 이것이 먹히질 않자, 살점을 떼는 것은 '법대로' 하지만, 피를 한 방울이라도 흘리면 무고한 시민의 생명을 노린 죄를 범한 것으로 간주하여 형법으로 다스리겠다고 한다. 피

를 안 흘리고 살점을 떼어 낼 수 없
는 노릇이기에 결국 살인을 모의한
의도임을 포시아는 입증한 셈이다.
이에 샤일록은 재산이 몰수되고 기
독교로 개종당하는 벌을 받는다.

　이 사건을 슬기롭게 해결하는
포시아의 활약상은 법률가의 영웅적
인 면모를 드러내기에 충분하다. 그
러나 근래에 와서는 포시아를 영웅

『베니스의 상인』 1600년 초판

시하던 전통적인 해석에 맞서서 '소수자' 샤일록의 편을 드는 해
석들도 적지 않다. 특히 유태계 학자들이 대거 자리를 차지하고 있
는 미국 대학과 지식인 사회에서는 유태인을 조금이라도 비하하면
'반유태주의anti-semitism' 혐의를 씌워 철저히 단죄하는 분위기이기
에, 대문호 셰익스피어도 감히 유태인을 비하한 죄인으로 불려 나
와 문초를 당하는 신세로 전락하곤 한다. 샤일록이 악당이냐 피해
자냐에 대한 논쟁은 결국 유태인을 무조건 옹호할지 말지에 대한
정치적 싸움이 될 수밖에 없다.[4] 분명한 것은 샤일록이 청구하는
'살점' 담보 환수는 베니스에서건 영국에서건 전혀 현실에서 찾아
볼 수 없는 허구라는 것이다. 반면에 미국학자들은 이 작품의 플롯
에서 현실 법문화의 흔적이 깊이 담겨 있는 부분을 지적하는 데는
대체로 무관심하다.

　이 작품은 전형적인 '영국법'의 관심사와 깊은 관련이 있다. 바

로 '상속'의 문제이다. 포시아의 아버지는 작품 시작 전에 이미 죽은 '피상속인'으로만 존재한다. 그의 괴상한 유언을 따르느라 포시아는 몹시도 성가시고 곤혹스런 과정을 거쳐야 한다. 금, 은, 동 항아리 중 하나를 제대로 잘 고른 사람이 포시아와 결혼하고 그녀와 그녀의 재산을 소유하도록 부친의 유언이 강제하기 때문이다. 재산 상속에 이와 같은 제약이 걸려 있는 것도 그렇지만, 유부녀는 (남편에게) '포함된 여성 feme covert'이기에 신부의 재산이 신랑에게 귀속된다는 개념은 영국법의 중요한 '원칙' 내지는 '법적 허구 legal fiction' 중 하나였다.[5] 포시아의 말대로, 그녀는 재산을 상속받아 부자가 되었지만 "살아 있는 딸의 의지(will)가 죽은 아버지의 의지/유언(will) 때문에 속박 당하는"(1막 2장) 갑갑한 처지에 묶여 있다. 그녀는 자신이 좋아하는 남자 바사니오의 현명한 선택 덕에 이러한 족쇄에서 벗어나게 되지만, 결혼이라는 또 다른 족쇄를 차게 되고, 결혼과 동시에 본인의 재산이 모두 남편의 몫이 되어 버린다. "나 자신과 나의 소유들은 당신과 당신의 소유로 이제 전환되었습니다"(3막 2장)는 말로 포시아는 자신이 남편 바사니오에게 '포함된 여성'의 처지가 되었음을 시인한다. 이러한 법적 '항복 선언'은 작품의 뒷부분에서 포시아가 보여 주는 멋진 활약상과는 사뭇 거리가 있어 보인다. 베니스라는 가상의 법정에서 법률가 포시아는 남성으로 변장한 인물이다. 반면 영국법이 지배하는 플롯의 이 부분에서는, 쿠크가 『잉글랜드법 원론』에서 상술한 대로, 포시아는 결혼과 함께 독립적인 재산권을 상실하고 유령 같은 존재로 축소

될 형편에 직면해 있다.

이렇듯 쿠크의 표현대로 영국법의 '인위적 이성artificial reason'의 자의성과 편향성은 '자연적 이성' 내지는 '자연법'의 시각에서는 만족스럽지 않을 수 있다. 셰익스피어가 사망한 지 대략 1세기 후에 등장한『로빈슨 크루소Robinson Crusoe』라는 '허위 자서전'은 대니얼 디포가 지어낸 허구임에도 불구하고 표지에 저자의 이름은 전혀 등장하지 않고, 크루소 "본인이 쓴" 책임을 내세운다. 이 책은 영국에서 머나먼 중남미 적도 부근 어디에 있다는 무인도에 난파당한 한 영국인이, 그러한 처참한 처지에도 불구하고 인내와 근면을 통해 그곳을 "나의 섬", 즉 내 재산으로 만든다는 성공담을 담고 있다. 크루소처럼 난파당하고 싶은 사람은 많지 않겠으나 크루소처럼 아무런 제약 없는 '내 재산'을 만들어 소유하고 싶은 사람들은 넘쳐났기에, 이 허위 자서전은 쉽게 히트 상품의 대열에 합류했다.『로빈슨 크루소』에 담긴 법 개념은 '완전 사유지allodial title' 이다. 반면에 쿠크의 도표에 나온 대로 영국법에서 사유재산 토지는 원칙적으로 국왕이 수여한 '봉토fee'이다. 이 중에서 가장 소유권이 자유로운 것은 '단순 봉토fee simple•'이나 이러한 재산권도 법이 인정하는 범위 내에서만, 또한 그러한 형태로만 상속받을 수 있다는 점에서 (딸은 상속받을 수 없다는 제약이 대표적이다) 완전 사유

....

• **단순 봉토** 법이 허용하는 범위 내에서 자유롭게 매매, 양도, 증여 및 임대할 수 있는 소유 형태를 지칭한다.

지는 아니다. 하지만 무인도의 크루소는 당연히 그 누구의 제약도 받지 않고 자신의 맘대로 그 섬을 자기 것으로 이용하고, 또한 그 섬에 대한 배타적인 소유권을 주장할 수 있다. 실제 현실에서는 상속에서 배제된 사람이나 애초에 상속받을 재산이 없는 사람들이 토지를 상속받는 사람보다 훨씬 더 많기에, 크루소를 통한 대리 만족의 효과는 적지 않았으리라 상상할 수 있다.

크루소가 자기가 난파당한 섬에 대한 재산권을 주장할 수 있는 것은

「로빈슨 크루소」 1719년 초판
출간 당시 원제는 The Life and Strange Surprizing Adventures of Robinson Crusoe, of York, Mariner(요크 출신 선원 로빈슨 크루소의 생애와 기이하고 놀라운 모험 이야기)이다.

단지 그곳이 아무런 경쟁자도 살지 않는 무주공산이기 때문만은 아니다. 그는 매일매일 규칙적이고 성실하게 일정을 짜서 계획적인 노동을 그 섬이 제공하는 자원들에 투입한다. 물론 그가 순전히 맨손만으로 무인도에 조야하게나마 문명인으로서 살 수 있는 터전을 만들 수 있었던 것은 아니다. 난파당한 배는 상당한 가치의 재화들을 선적해 놓은 상태였다. 크루소는 이 재화들을 구입하는 데 투자한 바가 없다. 그럼에도 배에 탔던 나머지 사람들이 모두 실종된 상태에서 그는 총기, 화약, 밧줄, 럼주, 성경책 등의 물건들을 가져와서 자기 것으로 사용한다. 이러한 최초의 선박 '약탈'에 대한

의구심은 이후 본인의 말대로 "나는 인내심과 노동을 들여 여러 가지 일을 해내었고, 내 형편상 모든 것을 직접 내가 하지 않으면 안되었다"는 노동의 일관성과 보편성으로 능히 잠재울 수 있다. '나의 재산권이 나의 노동에 근거한다'는 이 작품에 담긴 논리는 전혀 자신의 노동과 상관없이 값비싼 부동산을 상속받는 영국법의 재산권 개념과는 사뭇 다르다. 법의 '인위적 이성'에 의해서 정당화되지만, 자연적 이성으로서는 수긍하기 어려운 불로소득의 영속화를 『로빈슨 크루소』는 전면적으로 비판하고 있는 셈이다. 이러한 입장은 존 로크의 『통치론Two Treatises of Government』•의 정신과 일맥상통한다. 로크는 계몽주의적 합리성의 이름으로 정치적 정통성의 근거를 부권적 상속에 두고자 하는 봉건적 시각을 반박하고자 '노동'의 중요성을 부각시킨다. 『통치론』 2부의 논리를 요약하면 다음과 같다. 창조주는 모든 인간에게 자연을 공통의 몫으로 주셨으나 이를 이용하기 위해서는 각자 자기 몫을 챙겨가야appropriate 한다. 그런데 모든 사람은 자기 자신person에 대한 소유권property을 갖고 있다. 따라서 자기의 노동은 자기 것이고, 그 노동이 섞인 자연의 대상들은 노동한 자의 소유이다. 여기에 대해 그 누구도 소유권을 주장할 수 없

....

• **『통치론』** 존 로크가 왕권신수설(왕권이 구약성서에 나오는 최초의 인간 아담에게서부터 이어지는 장자상속에 근거한다는 주장)을 비판하고 의회가 왕실을 바꿔 버린 명예혁명의 이론적 근거를 구축하기 위해 쓴 책으로, 1689년 출간되었다. 1부에서는 왕권신수설을 비판한 후, 2부에서는 정치권력의 기원, 목적, 한계에 관한 견해를 서술하며, 인민은 정부를 바꾸는 저항권을 갖는다고 주장한다.

다. 이를 위협하면 무력을 행사하여 방어할 수 있고, 그러한 의도를 실행하려 한 자를 죽여도 무방하다. 자연에 홀로 맞서 홀로 노동하여 자신의 소유권을 확립하고 이를 지키기 위해 중무장을 하고 다니는 로빈슨 크루소는 로크적인 '자연법'을 그야말로 철저히 따르고 있다고 할 만하다. 로크는 이러한 논리에 근거하여 군주 내지는 통치자의 정통성이 부계상속에 있는 것이 아니라, 각자 자기 재산을 지킬 권리를 갖고 있는 개인들이 공공질서를 위해 권력을 자발적으로 위임한 행위에 근거한 것임을 역설하고자 했다.『로빈슨 크루소』는 1인 국가를 만들었으니 이러한 권력 위임조차도 할 이유가 없기에, 그야말로 전적으로 노동에 근거한 배타적인 사적 소유권을 묘사하고 있다.

그러나『로빈슨 크루소』는 허구적인 이야기이다. 그의 섬은 영국 땅은 물론이요, 문명세계 그 어디와도 연고가 없는 무인도이다. 현실에서는 전혀 가능치 않은 '자연법의 유토피아'일 뿐이다. 실제 18세기 영국에서 크루소의 무인도는 아니더라도 카리브 해 군도(소위 서인도West Indies)나 인도(소위 동인도East Indies) 등 먼 이국땅에서 큰돈을 벌던 영국인들의 궁극적인 목표는, 고국에 돌아와서 매물로 나온 거대한 전원 부동산country estate들을 구입하여 '신사gentry●' 행세를 하는 것이었다. '신사'의 자격 자체가 특정 직업occupation 없이 소

....

● **젠트리** 영국에서 젠트리는 귀족(peer)은 아니지만 농촌경제 구조에서 임대소득으로 생활을 영유할 수 있는 급의 지주계층을 지칭한다. '신사'를 뜻하는 'gentleman'은 여기서 유래했다.

유한 토지에서 나오는 지대rent로만 살 수 있는지 여부였기에, '노동'과 정반대 지점에 '재산권'이 설정되어 있었다. 대체로 노동은 재산권과 별로 상관없는 것으로 이해되는 세계가 근대 영국법의 세계였다.[6] 또한 이러한 대토지들은 중세부터 내려온 소유권 승계 조건들에 묶여 있어서 분할 매각이 쉽지 않은 경우가 많았고, 상속인의 자격 등에 대해서도 법적인 제약을 받아야 했기에『로빈슨 크루소』가 그린 '완전 사유지'는 전혀 아니었다.『로빈슨 크루소』를 제외하면, 제인 오스틴의『오만과 편견Pride and Prejudice』을 비롯한 대부분의 고전명작 영국소설들은 이러한 전원 부동산 소유자를 축으로 플롯을 꾸민다.

『오만과 편견』으로 보는 문학과 법

『로빈슨 크루소』보다 약 100년 후에 출간된『오만과 편견』처럼 영국법의 '인위적 이성'과 깊이 연루된 작품도 아마 없을 것이나, 앞서 말한 대로 형법적인 소재에 경도된 '법과 문학' 담론이 이 작품에 주목하는 경우는 많지 않다. 부친 베넷 씨는 딸만 다섯을 둔 지주이다. 그러나 그의 토지에는 한정entail이 걸려 있어서 그가 자유롭게 재산을 처분하거나 분배할 수 없다. 그의 생전에는 소유권을 보존받고 사망 시에는 소유권을 아들에게 물려줄 수는 있으나, 그는 아들이 없기에 승계 순위가 가장 빠른 친가 조카에게 재산이 가게 되어 있다. 그의 다섯 명이나 되는 딸들은 법적으로 상속권이 없기에, 이들이 안락한 생활을 하려면 재산이 있는 남편과 결혼하여 남편에게 '포함된 여성'이 되는 길밖에 없다. 그러나 거액의 지참금을 가져갈 형편이 못 되는 이 딸들의 짝짓기는 무조건

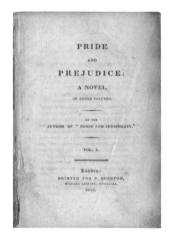

『오만과 편견』 1813년 초판

'이익'만으론 결정될 수 없기 때문에, 외모와 성격, 소양 등의 '문화적' 자산을 동원해야 한다. 소설은 이 다섯 딸의 모험을 모두 다루고 있지만 제일 중요한 딸은 엘리자베스이다. 미모도 출중하지만 지력이 뛰어난 이 둘째 딸이 '이익'만을 좇는 결혼을 추구할 리가 만무하다. 이 소설은 그녀의 짝으로 엄청난 전원 부동산 소유자인 다아시를 설정해 놓는다. 그도 그녀에게 호감을 갖지만 이런저런 오해 때문에 '오만'과 '편견'이 뒤섞인 지연과 우회 과정을 거친 후, 마침내 둘의 '감정'이 서로 어우러지는, 따라서 '이익'과 '사랑'이 조화되는 결말에 도달한다.

다아시의 친척들의 눈에는 엘리자베스와 다아시가 결혼하는 것은 '열정'에 사로잡힌 어리석은 짓으로 보인다. 사실 객관적으로 따져 보면, 가져갈 지참금이 별로 없는 신부와 대지주 신랑 간의 사회경제적 격차가 현저하기에 이 소설 역시 『로빈슨 크루소』

못지않게 '유토피아'적 이야기로 볼 수 있다. 바로 그러한 '신데렐라'(물론 엘리자베스는 지극히 당당하고 지성이 만만치 않은 신데렐라이긴 하다)적인 플롯 덕에 이 작품은 소설로도 인기 있고 자주 영화화되곤 한다. 그러나 『오만과 편견』은 모든 면에서 결혼 및 상속 관련 영국법을 철저히 준수하고 있고, 관련 민법을 전혀 과장하거나 무시하지 않으며, 폭력 사건을 끼워 넣어 형법적인 호기심에 편승하지 않는다. 장자상속primogeniture을 통해 재산분할을 방지해 온 중세법 개념의 토대 위에 세워 놓은 재산권 한정, '포함된 여성'으로서 유부녀의 법적 지위, 적법한 결혼 절차를 거치지 않는 비밀결혼clandestine marriage•, 상속자 장남이 상속받은 재산에 담보mortgage•를 걸어 누이들의 결혼 자금으로 만들어 주는 현찰 지참금dowry•, 국가교회(성공회) 사제의 성직록living•이 작품에 모조리 등장하니, 재산권 관련 영국법 교과서라고도 함 직하다. 인간적 가치를 옹호하는 문학으로서 이 작품은 이와 같은 객관적 법적 제약과 제

....

- **비밀결혼** 국가의 공식 종교인 잉글랜드 교회(Church of England, 성공회)의 법을 따르지 않은 비밀 내지는 불법 결혼을 말한다.
- **담보** 상속의 조건 때문에 부동산을 처분할 수 없는 토지 소유자가 토지 일부의 소유권을 담보물로 채권자에게 내주고 현금을 대출받는 제도를 말한다.
- **지참금** 토지소유자는 담보를 통해 만든 목돈을 시집가는 딸이나 누이에게 현찰 지참금으로 주었다.
- **성직록** 잉글랜드 교회의 사제가 사제 활동을 하는 동안 지속적이고 안정적으로 받을 수 있는 경제적 혜택을 뜻한다. 지주가 자신의 토지 안에 있는 사제관을 사제가 무상으로 사용하게 해 주거나 자신의 토지에서 나오는 수입의 일부를 사제에게 주는 것 등을 말한다. 이에 따라 지주는 성직록의 수혜자를 주교에게 추천할 권리를 갖고 있었다.

도 안에서 미혼 여성들의, 아니면 적어도 주인공인 엘리자베스의 자존심과 존엄성을 지켜 주려 노력한다. 엘리자베스의 어머니 베넷 부인은 이 소설 1장에서 남편에게 다음과 같은 '이익'의 목소리를 대변하는 발언을 한다.

> "그의 이름이 뭐라고 했소?"
> "빙리래요."
> "결혼했어요? 아니면 미혼?"
> "아, 미혼이지요, 확실히. 여보! 큰 재산을 소유한 미혼 남자, 연수입 사오천. 우리 딸들한테 딱 좋은 물건이잖아요?"

"딱 좋은 물건(what a fine thing)"은 다소 지나친 직역이나, 이렇게 옮겨 놔야 베넷 부인을 통해 목소리를 높이는 '돈'과 '이익'의 면모를 더 잘 파악할 수 있다. 여러 사건을 겪은 후, 59장에서 빙글리의 친구이지만 그보다 훨씬 더 수입이 많은 다아시와 엘리자베스가 결혼을 하겠다며 부친 베넷 씨에게 하는 딸의 발언은 '돈'이 아닌 '사랑'이 동기임을 분명히 밝힌다.

> "전 그 사람을 좋아해요, 정말로," 그녀가 대답했다, 눈에 눈물이 고인 채. "그를 사랑해요."

아버지는 딸의 감정을 중시하지만, 어머니는 사윗감의 '돈' 때문에 덩실덩실 춤을 춘다.

"아이고 우리 귀한 딸," 그녀가 외쳤다. "다른 거 생각할 게 뭐 있어! 연 수입이 만 파운드래, 또 아마 그 이상일 것 같아!"

아버지는 재산 상속을 제약하는 영국법에 묶여 있는 인물이지만, 그는 결혼에 관한 한 기독교 문명권에서 무시할 수 없는 교회법canon law의 시각에서 딸의 결혼을 바라본다. 본인들이 강압에 의하지 않고 서로 좋아서 자발적으로 하는 결혼임을 확인하지 않는한, 또한 결혼식장에서 신랑과 신부가 모두 그러한 자유의사를 큰 목소리로 시인하지 않는 한, 사제가 결혼을 성사시킬 수 없기 때문이다. 소위 혼인 서약은 오늘날 (특히 대한민국의) 결혼식에서는 의례적인 절차에 불과하지만, 당시에는 법적으로 매우 중요한 절차였다. 재산 상속 및 결혼과 관련된 영국법의 족쇄들을 잔뜩 차고 시작한 이 소설은 엘리자베스에게 남편의 어마어마한 재산을 즐길 수 있는 지위를 상으로 준다. 법이 당시 여성에게 허용하는 최대의 이익을 얻게 해준 것이다. 하지만 동시에 그녀는 자신이 사랑하는 사람과의 자발적인 결합을 통해 이 이득을 얻게 되기에, 인간의 보편적인 자유의지를 전제로 하는 교회법과 재산권을 보호하는 영국법은 작품 끝에 가서 서로 조화를 이룬다.

『위대한 유산』으로 보는
문학과 법

재산 상속이 워낙 영국법의 견고한 토대이다 보니 형법을 위반한 죄수를 다룬 찰스 디킨스의 『위대한 유산Great Expectations』에서도 상속 문제가 중심을 차지한다. 『오만과 편견』과 아울러 가장 많이 읽히고 가장 잘 알려진 (또 자주 영화화되는) 이 대표적인 19세기 영국 소설의 제목을 정확히 옮기자면 '위대한 유산'이 아니라 '엄청난 상속 기대'이다. 나이 많은 누이와 자형 밑에서 큰 고아 핍은 어느 날 감옥선에서 탈옥한 죄수에게 먹을거리와 쇠고랑을 끊을 끌을 갖다 준다. 탈옥수를 가엾이 여겨서가 아니라 안 갖다 주면 혼날까 봐 공포에 질려 그렇게 한 것이다. 이것을 '자비'로 오해하고 깊이 고마워하는 죄수 매그위치는 사람을 해치고 강제로 금품을 뺏은 흉악범이 아니다. 그는 경제사범에 불과하다. 그러나 그의 범죄(위조지폐 유통)는 영국 형법에 의하면 사형감이다. 국가가 만들어 놓고 관리하는 화폐 질서에 도전하는 것을 중죄로 봤던 까닭이다. 그는 다른 유사한 급의 범죄자들과 마찬가지로, 본국에서 사형 집행을 유예해 주는 대신 (본국으로 돌아오는 순간 이 집행유예는 무효화된다) 뉴사우스웨일스New South Wales (오늘날 호주의 토대가 된 유배지)에 유배수로 보내진다. 아직 유배지가 마련되기 전 시점에서 매그위치는 임시로 감옥선에 수감되어 있다가 탈옥을 시도했던 것이다. 탈옥에 실패하고 다시 잡혀 들어간 그는 뉴사우스웨일스로 이송된다.

새로 개척한 식민지인 뉴사우스
웨일스에서는 노동력이 절대로 부
족했기 때문에 누구건 로빈슨 크루
소처럼 노동을 통한 부의 축적이 어
느 정도 가능했다. 그러한 노동을 통
한 식민지 개발을 국가는 적극 권장
했고, 매그위치 같은 유배수들도 노
동을 통해 재산을 모을 수 있는 길
을 열어 주었다. 매그위치는 호주에

GREAT EXPECTATIONS

CHARLES DICKENS.

IN THREE VOLUMES.
VOL. I.

LONDON:
CHAPMAN AND HALL, 193, PICCADILLY.
MDCCCLXI.

『위대한 유산』 1861년 초판

서 얼마 후에 사면이 되어 상당한 재산을 축적한다. 결혼해서 가정
을 이룬 바 없는 매그위치이기에, 그는 이 재산에서 나오는 수입을
본국으로 신원을 숨긴 채 보내서 자신을 도와준 핍을 '신사'로 만
드는 자금으로 소비하는 것을 큰 낙으로 여겼다. 한편 핍은 시골
대장장이인 자형한테 붙어사는 자신을 갑자기 신사로 만들어 주
는 교육을 시킨 주체가 같은 동네의 괴팍한 귀족 할머니 미스 해비
셤이라고 착각한다. 그리고 미스 해비셤이 데려다 키우는, 또한 일
찍이 핍이 짝사랑해 온 에스텔라라는 쌀쌀맞은 아가씨와 이제 신
사가 되었으니 사랑을 이룰 수 있으리라 기대한다. 이 모든 기대와
환상은 매그위치가 법을 어기고 다시 본국으로 몰래 귀국해서 핍
을 찾아간 순간 산산이 깨지기 시작한다. 숙적 콤피슨의 추적으로
인해 매그위치의 불법 귀국이 들통나서 체포되자 그는 사형을 피
할 수 없는 처지가 되고, '신사'의 꿈을 꾸던 핍은 빈털터리가 된다.

재산권의 풍경

영국 땅에 돌아와 체포된 매그위치는 '법에서는 죽은 자mort in ley'이며 그의 '오염된attainder' 재산은 국가에 귀속되기 때문이다. 매그위치를 처음 볼 때는 편견과 혐오에 사로잡혀 있던 핍의 감정이 연민과 동정, 고마움으로 변하는 인간적 성숙 과정을 거치게 한 후, 소설은 사형 집행 전 매그위치가 침상에서 병으로 평화롭게 죽는 '감형'을 베푼다.

이 소설은 영국 형법을 비판하려는 의도를 명백히 드러낸다. 작가가 비판하는 것은 재산권에 대한 세밀한 배려에 비해 길거리 절도, 가게털이, 가택 침입 강도 등 물권 침해 및 계약서 위조, 위조지폐 제작 및 유통 등의 경제 질서 교란행위를 모조리 사형감 범죄felony로 분류해 온 영국 형법의 경직성이다. 그러나 실제 재판 과정에서 이들 범죄자들을 예외 없이 모두 형장으로 보낼 수는 없었고, 그럴 필요도 없었다. 살인의 경우는 무조건 사형을 집행했으나, 다행히도 18세기까지는 미국 남부의 식민지(주로 버지니아와 메릴랜드)에 조건부 사면으로 감형해 유배를 보내면 되었다. 미국이 독립하자 유배지가 없어져서 처음에는 매우 곤혹스럽긴 했으나, 곧 뉴사우스웨일스라는 새로운 식민지가 발견된 후에는 멀리 지구 반대편 그곳으로 사형수들을 보내 버리면 되었다. 그렇게 해서 식민지를 개척할 인력을 제공하면서도 본국에서는 이들 범죄들을 법적으로는 여전히 사형감으로 분류해 둘 수 있었고, 그렇게 함으로써 빈부격차가 극심한 영국 사회의 경제 질서를 유지할 수 있었기에 유배형은 매우 편리하고 바람직한 감형제도였다.

그러나 이 소설은 동시에 재산 상속 기대와 사람다움이 서로 양립할 수 없다는 새로운 반反자본주의적 시각을 온건하게나마 드러내고 있다. 포시아는 바사니오의 현명한 선택 덕에 부친의 괴상한 유언을 위반하지 않으면서도 본인의 감정을 희생하지 않을 수 있었다. 로빈슨 크루소는 홀로 무인도에 난파당하는 비극을 겪었으나 근면한 노동을 통해 값진 부동산 소유자로 변신한다. 엘리자베스 베넷은 다아시라는 거대한 토지 소유자에 대한 편견에서 벗어나서 그와 인간 대 인간으로 결합하므로, 재산과 사랑의 조화를 이룰 수 있었다. 반면에 『위대한 유산』의 핍은 어릴 적부터 연모한 에스텔라와의 사랑도 허상으로 끝나고, 일하지 않는 한량 신사로 살 수 있게 해줄 엄청난 재산 상속에 대한 기대도 물거품처럼 사라지는 쓰디쓴 과정을 통과하며 도덕적으로 성장한다. 오직 돈과 재산, 물질과 이권을 최고의 가치로 추구해 온 근대 영국 역사에 예리한 비판의 화살을 쏜 디킨스 본인은 로빈슨 크루소처럼 노동을 통해 큰 재산을 일군 근면의 화신이었다. 그는 심지어 마지막 죽는 순간에도 미완성으로 남은 소설 『에드윈 드루드의 비밀The Mystery of Edwin Drood』을 쓰고 있었다. 노동과 불로소득, 재산과 인격 사이의 다층적인 관계를 그 누구보다도 몸소 체험하고 또한 작품 속에 녹여 낸 디킨스는 그야말로 '재산권의 풍경'으로 표현해 본 영국법과 영국문학의 대화에서 가장 인상적인 인물이라고 할 만하다.

　　지금까지 간략히 살펴본 영국법의 특징과 대표적인 영국문학에 담긴 민법적인 주제와 소재들은 19세기 프랑스나 러시아 등 다른 유럽 문학의 전통과 18, 19세기 영국문학이 뚜렷이 다른 길을 가도록 이끌었다. 그것은 이 문학작품들을 수용하고 소비하는 사회의 편향과 관심을 반영한 연유이지만, 재산권을 축으로 하는 민사적 사고방식에 기초한 문화가 '인간조건'에 대한 문제 제기를 할 법률적 소재들을 뛰어난 창작가들에게 제공해 주었기 때문이기도 하다. 또한 근대 영국문학의 사례는 문학과 법이 늘 서로 적대관계에 서 있을 이유가 없음을 보여 준다. 형법의 경직성을 고발하는 『위대한 유산』도 실정법의 범위 내에서 모든 문제를 풀어 나갈뿐더러, 법대로 사라져 버린 '위대한 유산'은 오히려 그 '사라짐'으로 인해 의미를 갖도록 이야기를 풀고 있다. 영국문학의 사례가 법과 문학의 보다 다층적인 상호관련성을 탐구하는 안내판이 되었으면 하는 기대를 하며 이 글을 마친다.

부동산이 중심인 사회
― 오늘날의 대한민국과 근대 영국

오늘날 대한민국을 사는 사람들의 정신과 영혼을 사로잡는 가장 중요한 단어 하나를 꼽자면 아마도 '부동산'이 아닐까 싶다. 아무리 돈을 벌어도 성이 차지 않는 강남 부동산 소유자들, '창조주 위에 올라서 있는 건물주'들, 천정부지로 치솟는 강남 부동산 시세와 이를 시샘하는 또는 강남 부동산 불패신화를 복제하고 추종하기를 간절히 염원하는 타 지역의 부동산 소유자들, 내 집 마련은커녕 전세 아파트 장만도 꿈꾸기 쉽지 않은 젊은 세대와 서민들, 오늘날 대한민국을 구성하는 등장인물들을 이렇게 소개해도 큰 왜곡은 되지 않을 것 같다. 논밭을 갈아엎고 산을 뭉개서 새로운 택지를 개발하거나 가난한 서민들을 남루한 터전에서 밀어내고 그 땅을 재개발하여, 이미 부동산으로 번 돈이 주머니에서 넘쳐 나는 이들에게 선사해 온 역사는 오늘날 대한민국의 '눈부신 발전'과 그대로 겹쳐지지 않던가. 또한 대한민국의 행정부와 입법부는 이러한 부동산 투기의 선봉대 역할을 떠맡고, 사법부는 땅장사와 집 장사로 거둬들인 불로소득을 신성한 사유재산으로 보호해

재산권의 풍경

주지 않았던가.

이 글에서 소개했듯이, 근대 자본주의 문명을 선도한 영국에서도 부동산이 큰 비중을 차지했었다. 18, 19세기 영국은 거대한 토지를 소유한 지주들의 불로소득을 당연시하던 사회였다. 다양한 규모의 토지를 소유한 지주들의 피라미드 정점에는 가장 많은 부동산을 소유한 왕실이 자리 잡고 있었다. 그러나 이들이 소유한 부동산은 지주가 함부로 자기 맘대로 처분하거나 용도를 변경하여 '난개발'을 할 수 없었다. 완고한 법의 제약에 묶여 있었기 때문이다. 법도 법이지만 사회의 관습과 상식도 지주들의 정신과 영혼 속에 당연히 들어가 있는 탐욕의 비중을 줄이는 데 일조했다. 영국의 대지주들은 정치권력과 결탁하거나 각종 이권에 편승해 개발 정보를 공유하여 하루아침에 거액의 시세 차익을 챙겨 가는 대한민국 부동산 투자자들과는 성향이나 입장이나 품격에서 정반대의 극단에 서 있었다고 해도 과언이 아니다. 부동산 가치보다는 품위 있는 삶의 가치를 중시하고 가진 자의 책무에 충실한 『오만과 편견』의 다아시 같은 인물이 소설 속에서만 나왔던 것은 아니다. 그러한 인물이 사실주의적 소설에 등장한다는 사실 자체가 다아시의 '전형성' 내지는 '대표성'을 증언한다.

대한민국의 지주들처럼 눈앞의 이익에 눈이 멀어 수십 년 수백 년 된 나무를 뽑아 버리고 녹지를 맘껏 훼손하는 일은 법적으로 불가능한 경우가 많았을 뿐더러, 영국의 지주들은 오히려 나무를 더 많이 심어서 목가적인 풍경을 만드는 데 관심이 많았다. 가장 큰 지주인 영국의 국왕은 이전 왕실이 물려준 거대한 사냥터들을 곱게 보존하여 일반 시민들에게 공원으로 사용할 수 있도록 개방했다. 그 유명한 런던의 '하이드 파크'가 대표적인 예이다. 왕실이 소유하고 있는 이 귀한 녹지들은 난개발이 장기인 부동산업자들의 탐욕을 능히 제어해 왔고, 오늘날까지도 꿋꿋하게 버텨 내고 있다. 왕실급은 아니더라도 전통적인 대귀족 가문의 '금싸라기 땅'에 대한 소유권은 부동산업자들의 난개발에 제동을 거는 가장 효과적인 장치였고, 지금까지도 그러하다. 땅값이 어마어마하게 비싼 런던의 웨스트엔드에 18세기와 19세기 초에 지은 멋진 집들이 그대로 남아 있는 것은 '문화재청'의 규제 때문만은 아니다. 그 저택들이 서 있는 대지의 지주들은 흉측한 난개발을 허락지 않는다. 이들은 문자 그대로 물려받은 재산과 전통을 '보존하는 conservative' 보수 세력이다.

대한민국에 '보수 세력'이 과연 있는가? 누가 진정한 '보수'인가? 이 질문에는 정치적 입장에 따라 각양각색의 답이 제출될 것이나, 자연과 전통을 파괴하는 부동산 난개발로 부자가 된 계층과 지역을 대변하는 정치 세력을 '보수'라고 부르는 것은 고약한 말장난이다.

국가폭력과 문학
—5.16 직후의 필화 문학

임헌영

중앙대학교 국문학과 대학원을 졸업한 후 동 대학에서 오랫동안 현대문학 강의를 해온 문학평론가로, 현재는 민족문제연구소 소장으로 있다. 저자는 평론가로 등단했던 1966년부터 지금까지 시종 참여문학과 리얼리즘, 민족 · 민중문학을 주창하면서, 민주화와 통일을 위한 문학 운동에 전념하고 있다. 따라서 그의 문학 연구는 한국 근현대 문학을 민족사와 민중사회사적인 관점으로 접근하고 있으며, 그 시야를 넓히기 위해 세계문학사 중에서 특히 제3세계문학과 해외동포문학, 그리고 북한 문학 등에 깊은 관심을 보여 왔다. 이런 연유로 박정희-전두환 독재통치 시기에 두 차례 옥고를 치렀으며, 석방 후 시민사회 활동에 투신하고 있다.

다방면에 걸친 그의 연구는 『민족의 상황과 문학사상』(한길사, 1986), 『불확실시대의 문학』(한길사, 2012) 등 많은 평론집과 수필집에 잘 나타나 있다. 현재는 한국 필화사와 현대 한국문학사회사, 세계문학기행을 집필하고 있다.

* 이 글은 2016년 10월부터 『경향신문』에 연재된 '경향신문 70주년 창간기획 — 문학평론가 임
   헌영의 필화 70년' 시리즈와 2016년 2월부터 『한겨레21』에 연재된 '임헌영의 세계문학기행'
   에 실린 글을 수정·보완한 것이다.

국가폭력과
한국 현대사

막스 베버Max Weber는 "모든 국가는 폭력에 그 기초를 두고 있다"라는 레온 트로츠키Leon Trotsky의 말을 인용하여, "정당한 물리적 강제력의 독점을 (성공적으로) 관철시킨 유일한 인간 공동체는 곧 국가"[1]라고 했다. "국가가 존속하려면 피지배자가 그때그때의 지배 집단이 주장하는 권위에 복종"해야 한다는 베버의 가설로 볼 때, 국가란 폭력의 독점monopoly on violence기관이다. 이를 조현연 교수는 아래와 같이 정리한다.

> 국가가 국민에게 행사하는 폭력은 사사로운 감정, 증오, 국가의 자기 이해에 바탕을 둔 것이 아니라 질서와 평화, 공공의 복리라

는 더 큰 가치를 목표로 하기 때문이다. 여기서 국가폭력의 정당성은 구성원의 합의하에서 정해진 대의 절차를 거친 법 제정, 정치에서 독립된 사법당국의 법 집행의 공정한 절차를 통해서만 인정된다.[2]

이런 주장은 국가권력이 정당성을 확보하고 있다는 가정에서 나온 것이기 때문에 폭력의 독점을 국가만이 가져야 한다는 주장은 절대적인 개념은 될 수 없다. 그렇기 때문에 박노자 교수는 다른 견해를 제시한다. 그에 따르면 국가란 거짓말의 총체이자 '전쟁하는 기계'로, 전쟁은 합법적 살인과 성폭행의 제전이자 자본가에게 축복을 내려 주는 행위이다. 전쟁은 패권과 경제적 이익을 위해 기관총을 열어젖히고 학살을 감행하는 것이며, 이를 정당화하기 위해 침략 대상을 '악의 축'으로 규정한다. 거기에다 반공주의를 기치로 건 한국에서는 기독교 역시 이에 동조하는 역할을 수행했다.[3]

위에서 언급한 두 견해를 보면 국가가 행사하는 폭력을 바라보는 관점에서는 다소 차이가 나지만, 국가를 국민 복종(혹은 탄압)의 기제로 인식한다는 점에서는 일치한다. 언론이나 학계에서는 이를 국가의 폭력violence, 학살massacre, 집단 학살mass killing 등의 용어로 설명, 분석, 평가해 왔다.

제2차 세계대전 후 한때는 유태인 학살Holocaust을 국가폭력의 대명사로 사용하다가, 현재는 제노사이드Genocide라는 용어로 통용하고 있다. 1948년에 열린 유엔 제노사이드 회의에서는 제노사이드의 정의를 규정하였고, 이를 국제법과 학술 용어로 공인하고 있다.[4]

미국의 사회학자 헬렌 페인Helen Fein은 제노사이드를 다음과 같이 분류한다.

(1) 특정 지역의 경제적 착취에 반대하는 사람들을 의도적, 비의도적으로 파괴하는 발전적 학살(developmental genocide)
(2) 신생 국가 혹은 매우 양극화되어 있거나 다인종적인 국가에서 실제적, 잠재적 적을 절멸하기 위한 전제적 학살(despotic genocide)
(3) 실제적 적을 파괴하기 위한 보복적 학살(retributive genocide)
(4) 국가에 의해 절대적 악의 화신으로 분류되거나 국가의 신화에 의해 적으로 분류된 집단을 집단 제거하는 이데올로기적 학살(ideological genocide)[5]

여기서 필화가 바로 (4)의 예라 할 수 있으며, 국가권력이나 그 추종자들에 의해 자행되는 필화 역시 넓게 보면 국가폭력으로 인식할 수 있는 것이다.

이런 세계사적인 접근법을 현대 한국의 국가폭력론에 대입시켜 보면 논자에 따라 다른데, 다음과 같이 정리할 수 있다.

이삼성[6]	전쟁과 제국주의를 한국 국가폭력의 원천으로 본다. 한국의 제노사이드 사례로 일본군 '위안부'부터 노근리 사건까지 두루 거론한다.
조현연[7]	한국 국가폭력의 네트워크를 4개 범주로 분류한다. (1) 반공 이데올로기와 레드 콤플렉스 (2) 폭력 그 자체로서의 국가보안법 (3) 폭력 정치의 선봉장 남산 (4) 반공 교육, 보수 언론, 해바라기 지식인
조희연[8]	국가폭력의 범주를 5개 항목으로 나눈다. (1) 당시에는 합법적이었으나 후에 불법적으로 범죄로 취급당한 것(삼청교육대 사건 등) (2) 공권력에 의한 폭력이나 억압 (3) 독재 정권뿐만 아니라 민주 정권이라도 불법적이고 범죄적으로 자행된 폭력 일체 (4) 국가가 주체로 행사하는 모든 만행(박종철 고문치사 사건, 이한열 사망 사건 등) (5) 민간 주체일지라도 독재의 비호로 행해진 만행
김동춘[9]	정의롭지 않은 공화국이 저지른 만행 중 '빨갱이'로 내모는 행위와 '가짜 우익'을 국가폭력의 근본 이유로 든다.

필화와
국가폭력

제노사이드 이론에서 규정하는 폭력이나 학살 등의 개념에는 물리적인 것만이 아니라 정신 활동에 가하는 일체의 금지, 제약, 학대, 억압 등도 포함되어야 한다. 이렇게 볼 때 필화 역시 국가폭력의 산물에 포함될 수 있다. 작가가 사법적 처벌의 대상이 된 것은 명백한 폭력이며, 처벌되지 않았다 하더라도 혐의를 조사받는 기간에 저질러진 일체의 행위(고문이나 각종 학대, 비판, 억압, 차별 등) 역시 폭력이라 불러도 어색하지 않다. 더 넓게 보면 수많은 필화 사건들이 당면했던 직간접적인 규제, 탄압, 간섭, 억압, 압력 일체도 '폭력'이란 개념으로 묶을 수 있을 것이다.

지금까지 필화는 주로 글, 특히 출판된 글에 대한 규제만을 의미했다. 그러나 현대 사회에서는 말로 인한 설화舌禍, 행위와 실천으로 인한 실화實禍에다 SNS에 남긴 글 등 모든 의사소통에 대한 직간접적인 제재가 필화에 포함될 수 있을 것이다. 개인과 집단의 의사표현에 대한 국가폭력의 총칭이 곧 필화이기 때문이다.

폭력을 행사하는 주체가 국가권력이 아니라 특정 종교나 집단 혹은 개인인 경우도 있지만, 이들 역시 국가의 지배 이데올로기를 옹호하고, 현재의 국가 체제에서 기득권을 점유하고 있는 세력일 때가 많다. 약자/피지배층이 강자/지배층에 폭력을 가하기는 어렵기 때문이다.

그런 뜻에서 모든 필화는 몽매한 독재의 부산물이며, 필화가 빈번할수록 질곡과 비극의 시대가 된다. 따라서 필화는 역사적인 발전을 위한 투쟁의 필수적인 조건이다. 필화가 있어야 할 시대에 직필은 없고 곡필과 망언만 난무하는 것은 더 비참한 일일 것이다. 이보다 더 참담한 현상은 필화의 몸통인 언론매체 자체를 통제하거나 언론·방송인을 축출하여 언로를 원천봉쇄하는 것이다. 나아가 더 파국적인 경지는 곡필과 망언이 만고의 진리인 양 세상을 어지럽히는 언론매체들을 복음기관처럼 우상화하는 풍조이다. 파국이 절정에 이르면 폭발하는데, 그 경지에 이른 필화의 절정에 국민의 웃을 권리조차 박탈하려는 코미디와 코미디언들의 수난이 위치한다.

국가폭력과 문학

필화의 보편적인 유형에는 크게 두 가지가 있다. 첫째는 가장 흔한 유형으로, 지배 이데올로기를 비판하여 탄압을 받은 경우이다. 두 번째 유형은 윤리적인 문제가 논란이 된 경우이다. 외설 혐의로 판매 금지를 당하고 출판사가 기소되기도 한『채털리 부인의 사랑』이 대표적인 사례이다. 여기에서는 첫째 유형에 대해서만 다루고자 한다.

임마누엘 칸트Immanuel Kant는『실천이성 비판』에서 종교를 최고선highest good의 개념으로 보면서, 그 이론의 근거에 대해 실천이성으로 접근했다. 이에 따라 종교의 궁극적인 목적은 신의 명령을 인식하고 그리로 인도하는 것이며, 그러한 신의 의지가 최고선의 절대 개념이라고 설명했다. 칸트는 기독교의 천지창조설이 비이성적이며, 자유로운 불멸의 영혼

요한 고트프리드 베커가 1768년에 그린 칸트의 초상화

이나 인자한 창조주 등은 증명하기 어렵다고 보았다. 그렇기에 종교를 과학과 철학의 기초로 삼을 수는 없고, 종교는 다만 도덕적 실천을 위한 초석 위에 있다고 주장했다. 그에게 신이란 인간을 착하게 살도록 만드는 데 필요한 존재로 인식되었다.

그는 1792년 월간『베를린』에「순수한 이성의 한계 안에서의 종교」라는 논문의 1부를 실었는데, 이후 발행금지 처분을 당했다. 그러자 그는 이 논문을 당시 학문의 자유가 비교적 보장되었던 예

나대학 출판부에서 단행본으로 출간해 버렸다.[10] 이를 알게 된 프로이센의 왕 프리드리히 빌헬름 2세는 그 글에 대한 해명서를 요구했다. 칸트는 "모든 학자가 종교 문제에 대해 독자적인 판단을 내리고 의견을 공표할 권리를 갖고 있지만 현 왕의 통치 아래에서 나는 침묵을 지키겠다"며 꼬리를 내려 버렸다.[11]

근대적인 개념으로서의 첫 필화라고도 볼 수 있는 이 사건은 바로 지배 이데올로기(기독교)에 대한 비판에서 출발한다. 이후 칸트는 대학에서 종교나 신학 강의를 맡지 않았으며 논문도 삼갔는데, 이는 현대적 개념으로 볼 때 국가폭력에 다름 아니다.

알렉산드르 푸시킨Aleksandr Pushkin의 경험은 세계 문학사에서 필화가 국가폭력임을 명백히 입증한 가장 엄혹한 사건이다. 그는 열여덟 살 때인 1817년에 쓴 시「자유」때문에 죽을 때까지 차르의 감시 아래 살았다. 그러나 지금은 문학인 중 가장 동상이 많을 뿐 아니라 지명, 학교, 거리 이름에도 가장 빈번하게

바실리 트로피닌이 1827년에 그린 「푸시킨의 초상」

등장한다. 문제가 된 시「자유」의 일부를 보자.

세계의 독재자들이여! 두려움에 몸을 떨라!
그리고 그대들, 엎드린 노예들이여,
용기 내어 그 노래 새겨듣고 떨쳐 일어나라!

(…중략…)

전제 정치의 악인이여!

그대를, 그대의 왕관을 나는 혐오한다.

그대의 파멸, 후손들의 죽음을

내 잔혹한 기쁨 가지고 보노라.

(…중략…)

그대는 세상의 공포, 자연의 치욕,

그대는

신에 대한 지상의 모독.

(…중략…)

민중의 자유와 평안이

왕관의 영원한 보초가 되리라.[12]

　　푸시킨은 차르스코예 셀로Sarskoye Selo[•]의 궁정부속학교 격인 학
습원(리체이)의 제1기생이었다. 그의 동기생과 후배들은 거의 데카
브리스트(12월혁명당원)의 주역이었고, 푸시킨은 이들과 친밀한 유
대를 가졌다. 그는 리체이를 졸업한 후 외무부에 근무하면서도 이
들과 활발하게 교류하면서 「자유」 외에도 「농촌」, 「마을」 등 농노

....

• 　**차르스코예 셀로** '차르(제정 러시아의 황제)의 마을'이란 뜻으로, 현재는 상트페테르부르크
　의 푸시킨시가 되었다.

제와 전제 정치를 비판하는 내용의 시를 썼다. 그런데 1820년 차르 알렉산드르 1세가 「자유」를 읽고 격노했고, 푸시킨에게 남러시아 캅카스로 전근 형식의 추방령을 내렸다.

치밀한 감시 아래서도 푸시킨은 나름대로 여행과 집필과 연애를 즐겼다. 그러다가 서신 검열에서 무신론에 관심이 있다는 게 밝혀져, 1824년 차르는 그를 공직에서 해고하고 전근이 아닌 추방령을 내렸다.

추방지에서 맞은 데카브리스트 반란은 그의 절친한 벗들을 싸잡아 처형, 유형, 투옥에 내몰리게 했다. 그는 끈질기게 차르에게 접견을 요청했다. 1826년 8월 크렘린의 우스펜스키 사원에서 대관식을 올린 신임 차르 니콜라이 1세는 데카브리스트 반란을 피로 진압하면서 민심이 흉흉하던 터라 국민들에게 관용을 과시하고 싶던 처지였다. 니콜라이 1세를 알현한 푸시킨은 데카브리스트들에게 자비를 베풀어 달라고 호소했고, 차르는 이 혁명 시인에게 그날 현장에 있었다면 그대도 가담했을 거냐고 물었다. 푸시킨은 그랬을 것이라고 답했다. 차르는 그 진솔함에 감응해 거주와 창작의 자유를 허락하되 황제가 직접 검열하겠다며, 푸시킨이야말로 가장 현명한 시인이라고 추켜세웠다.

데카브리스트 반란
유럽의 자유주의 사상에 영향을 받은 귀족층 장교(데카브리스트)들이 주도하여 1825년 12월 일으킨 봉기. 농노제 폐지, 법 앞의 평등, 민주적 자유, 선거제, 입헌군주제나 공화제로의 전환 등 러시아 사회정치 체제의 혁명을 요구했다.

국가폭력과 문학

그러나 차르는 '유럽의 헌병'이란 별명답게 교활했다. 나라를 온통 헌병관구 체제로 옥죄어서 직속 비밀정치경찰국 3부를 전 국민을 감시하는 사령탑으로 삼았다. 3부의 책임자이자 헌병 대장이었던 알렉산드르 베켄도르프Alexander Benckendorff는 푸시킨의 감시 총책을 맡았다. 모든 행동에는 허가가 필요했다. 웬만한 여행은 다 불허였고, 유언비어나 이상한 글이 나돌면 그것의 창작 용의자 1호로 찍혀 조사를 당했다. '푸시킨 감시위원회'가 구성되기도 했다. 자신의 미발표 작품을 남들 앞에서 읽는 것도 금지였다. 차르는 푸시킨에게 '교육에 대한 보고서'를 써내라고 했다. 아무짝에도 쓸모없는 이런 요구는 정신적인 강제 징용이자 반골 시인이 황제에게 봉사한다는 어용의 이미지를 덧씌우려는 의도였다. 감시 속에서도 그는 미모의 귀족 여성으로 소문이 자자했던 열여덟 살의 나탈리야 곤차로바Natalia Goncharova에게 열렬히 구애한 끝에 1831년 결혼하였고, 모스크바에서 신혼을 즐겼다.

1833년 베켄도르프는 차르에게 푸시킨 같은 골치 덩어리는 차라리 권세 없는 관직을 줘서 가까이서 감시하는 게 좋겠다고 건의했고, 차르는 그를 9등관직 시종보로 임명(1833)했다. 통상 18세 정도의 귀족 자제들로 구성된 그 행렬에 34세의 대시인을 앉힌 건 누가 봐도 조롱거리였지만, 천재의 두뇌로도 권력을 동원한 조롱과 압박을 모면할 방도는 없었다.[13]

일설에는 차르가 푸시킨의 미녀 아내 곤차로바를 보고자 궁중 연회에 부부가 참여하도록 실속 없는 감투를 내렸다고도 한다. 예복도 안 만들어 친구들이 옷을 구해 강제로 입혀 궁중으로 들여보내진 푸시킨은 차르에게 집필 중인 연구서 『푸가초프 반란사』를 화두로 꺼냈다. 에멜리얀 푸가초프Yemelyan Pugachov는 농노제의 폐지를 선언하며 반란을 일으킨 인물로, 이는 차르를 한 방 먹이기 위한 것이리라.

프랑스 귀족의 아들로 7월 혁명 뒤 출국, 네덜란드 공사의 양자로 신분을 세탁한 뒤 러시아에 굴러들어 와 근위대 소위가 된 제비족 조르주 단테스Georges d'Anthes와 곤차로바 사이의 염문은 푸시킨을 견딜 수 없게 만들었다. 1837년 그는 페테르부르크의 '검은 강'(초르나야 레치카)에서 단테스와 결투를 벌였고, 치명상을 입었다. 이틀 뒤 시인은 죽음으로써 차르의 감시망을 벗어날 수 있었다. 아니, 장례식조차도 감시하에 치러졌다. 헌병대는 주검을 스뱌토고르스키 수도원으로 비밀리에 옮겨 안장해 버렸다.

실로 가공할 정도의 국가폭력이다. 이 사건을 장황하게 소개하는 이유는 국가권력이 얼마나 치사할 수 있는가를 구체적으로 감지할 수 있는 하나의 본보기이기 때문이다. 지난 정권이 만들었던 문화예술계 블랙리스트 또한 국가폭력의 일부만 드러난 예일 뿐, 훨씬 교활한 음모는 아직도 다 드러나지 않았을 수도 있다. 예를 들면 민족문제연구소가 2012년에 배포한 이승만·박정희에 대한 기록영화 〈백년전쟁〉(김지영 감독, 최진아 PD)은 박근혜 정권의 블랙리스트에 들어 있지 않았지만, 당시 청와대와 국정원이 반박 영상 제작에 금품을 지원하는 등 영화가 알려지는 것을 막기 위해

깊숙이 간여했다는 흑막이 드러났다. 검찰은 이 영화를 사자에 대한 명예훼손 명목으로 기소했으며, 이 사건은 지난 2018년 8월 서울지방법원으로부터 무죄판결을 받았으나 검찰이 항소하여 지금도 재판은 끝나지 않고 있다.

박정희 쿠데타의 국가폭력

지도자는 대중과 유리되어 그 위에 군림하는 권위주의자나 특권계급이 아니라 그들과 운명을 같이하고 그들의 편에 서서 동고동락하는 동지로서의 의식을 가진 자라야 한다. 국민을 지도함에 있어서 친절하고 겸손하며 모든 어려운 일에 당하여 솔선수범하여 난관을 돌파하며 사를 버리고 오직 국민을 위하여 희생한다는 숭고한 정신을 그는 가져야 한다. 지도자로서 가지는 모든 권력의 연원은 국민이다. 자기 스스로 창조한 권력도 초인간적 존재로부터 수여된 여하한 특권도 있을 수 없다. 지도자는 모름지기 대중에 깊이 뿌리박고 전근대적 특권의식을 버리라.[14]

'좌빨' 냄새 물씬 풍기는 이 글은 「지도자도指導者道: 혁명과정에 처하여」의 일부이다. 5.16 쿠데타 총성의 메아리가 미처 사라지지도 않은 1961년 6월 29일 『조선일보』에 박정희의 이름으로 실렸다. "박정희가 이 글을 쓴 날부터 1979년 10월 26일 죽음을 당하기까지 그런 지도자도를 걷지 않았다는 사실은 역사가 입증하고 있다."[15]
위의 〈백년전쟁〉이나 블랙리스트의 예에서 보았듯이 그의 딸은 더
가혹했다.

"애국심과 양심에 의해 일으킨 쿠데타는 거의 없었"고, "애국
심이니, 정의니 하는 본래 아름다웠던 말들이 형편없이 오염되게
된 것은 쿠데타를 일으킨 군인들이 마구 그런 말을 써먹었기 때
문"[16]이라는 평가가 오히려 진실성을 갖는다.

쿠데타 직후 국가재건최고회의는 5월 23일 포고 제11호를 공
포, 전국 912개 일간·주간·통신사 중 82개만 남기고 강제 폐간시
켰고, 960명의 기자를 구금·체포 혹은 재판에 회부(1962년 6월 22일
까지)했고, 정기간행물 1,200종을 폐간하여 단군 이래 최고의 언
론탄압 기록을 세웠다. 5월 21일까지의 통계로 용공분자 2,014명
을 검거한 것 역시 최고 기록이다.

"올 것이 왔구나"란 실언 한마디로 쿠데타를 긍정한 듯이 곡해
받은 윤보선은 6월 4일 민정 이양을 촉구했고, 그 기사로 『동아일
보』의 김영상 편집국장과 정경부 이만섭 기자가 연행됐다. 깡패나
비밀 댄스홀 소탕, 교통 질서 확립 등 경찰의 일상 업무를 국방을
담당해야 할 군이 나서서 강제하는 따위로 반짝 대중적인 인기를
끌었던 쿠데타는 이내 군 본연의 자세로 돌아가라는 역사적인 당
위성에 직면했다.

모든 쿠데타는 결코 군 본연의 자세로 돌아갈 생각이 없다. 6월
10일 중앙정보부를 출범시켰고, 6월 22일 쿠데타 세력은 '특수 범

국가폭력과 문학

죄 처벌에 관한 특별법'과 7월 4일 '반공법'을 제정하여 반대파를 옥죄었다. 반공법을 공포한 날 오후, 국가재건최고회의 원충연 공보실장은 '전 민주당 정권의 용공정책 진상'에 관한 담화문을 발표했다.

> 민주당 정부 요인들의 용공음모를 예의 수사하여 오던 바 그 천인공노할 진상이 역력히 밝혀졌다. … 이 나라를 공산화할 무서운 용공음모에 가담하여 왔었다. 소위 국무총리 장면을 비롯하여 민주당 정부에서도 가장 핵심이며 장면의 심복이었던 전 법무부 장관 조재천, 전 내무부 장관 신현돈, 전 국방부 장관 현석호, 전 대검찰청 총장 이태희, 전 재무부 장관 김영선, 전 상공부 장관 주요한, 전 무임소 장관 김선태, 전 외무부 장관 정일형, 전 조폐공사 사장 선우종원 등이 모조리 이 어마어마한 사건에 관계되어 있다.

이런 거짓 빨갱이 타령으로도 수습이 되지 않자 박정희는 민정이양 계획을 발표하지 않을 수 없었다. 쿠데타 두 달 만인 8월 12일이었다. 1963년 3월 이전에 대통령 중심제와 단원제 국회로 신헌법을 제정하고, 5월에 총선거를 실시한다는 것이 요지였다. 박정희 정권이 정치 자금 확보를 목적으로 일으킨 네 가지 부정부패 사건(워커힐 사건, 새나라 자동차 사건, 빠찡꼬 사건, 증권 파동)으로 쿠데타 세력은 점점 더 궁지로 몰린 가운데, 1962년 7월 헌법심의위원회가 구성됐다.

그러자 "헌법에서 생명을 걸고 지키고자 하는 국민의 기본권이나 기타 제 권리는 이것을 더욱 창달하는 방안을 모색할지언정 그를 위축시키는 방안은 손대지 말라"[17]는 비판이 잇따랐다. 법학자 이항녕은 시민회관 공청회에서 국가기관이 민의를 대변하지 못하면 국민에게 저항권이 있다는 조항을 삽입하라고 주장했으나 묵살당했다.

그래서 5.16 쿠데타 세력은 쿠데타 직후에 4천여 명을 구금, 608명을 혁명검찰부에 넘겼고, 216명을 기소하여 190명에게 유죄판결을 내렸는데, 그중 5명이 사형이었다. 자유당 때 사형언도자 중 집행 않은 백여 명을 일거에 처형했지만, 부패, 독재 옹호, 부정축재 등에는 관대하여 다 풀어 주었다.

미 중앙정보국 앨런 덜레스 전 장관이 "재임 중 CIA의 해외 활동으로서 가장 성공을 거둔 것은 이 혁명이었다"고 술회했다는 박정희의 5.16쿠데타는 민족, 민주, 통일, 자유주의를 근절시키기 위한 것이었고, 4월 혁명의 암살이었다.

쿠데타 이후의
첫 필화 사건

"이놈저놈 모두 썩어 빠졌어."

"학생이면 데모를 해야지. 이왕 할 바엔 열심히 해야지."

"도대체 오열(간첩)이란 게 뭣고. 오열이 약방의 감초가? 감당 못

할 사건이 생기면 오열이 튀어나와. 오열이 어딘가에 대기하고
있다가 자유당이 필요로 하겠다 싶으면 출동하는 모양이지."[18]

이승만이 반대파들에게 들씌웠던 '빨갱이' 타령을 신랄하게
비판한 이 말은 1960년 부산 군수기지사령관 시절의 박정희 소장
이 남긴 어록이다. 자신이 비판했던 그대로 박정희는 18년 장기집
권을 하는 동안 빨갱이 타령으로 민주주의를 압살했다.

박정희와 대구사범학교 동창으로『부산일보』주필 겸 편집국
장이었던 황용주黃龍珠(1919~2001)와『국제신보』주필 겸 편집국장이었
던 작가 이병주李炳注(1921~1992), 그리고 박정희는 '산바가라스三羽鳥, 삼걸'
로, 자유당 통치 말기에 술자리에서 이승만 타도를 위한 쿠데타까
지도 거침없이 입에 올렸을 정도였다. 그러나 정작 4월 혁명이 나
자 박정희는 학생들이 쿠데타를 망쳤다고 투덜거렸다.

5.16 쿠데타 다음날『국제신보』는「민주발전에의 획기적 대사
업이 되도록 혁명군사위원회의 성의 있는 노력을 바란다」라는 사
설로 이를 환영했다. 그 나흘 뒤 오후 5시, 경찰은 편집국에서 이병
주를 연행했다. 경남도경 유치장에서 만난 이병주와 황용주는 "이
상하게 돌아간다. 그자? 우리는 도의혁명을 하자고 했는데 반공혁
명이 뭐꼬?"[19]라며 어리둥절해 했다.

황용주는 한 달 만에 풀려났으나, 이병주는 '특수 범죄 처벌에
관한 특별법' 제6조 위반으로 기소됐다. 정당이나 사회단체 간부
로 반국가적 행위를 한 자에게 사형, 무기 또는 10년 이상의 징역

을 선고할 수 있었던 이 법. 그런데 이병주가 뒤집어 쓴 '교원노조 고문' 직함에 대한 기록도 증언도 없자, 논설위원 3명을 더 연행했다. 한편 경찰 공작반에서는 앞잡이를 시켜 남로당 재건 운동을 탐색 중이었다. 공작반은 여기에 관련된 한 청년의 주례를 맡은 이병주를 1961년 5월 22일 결혼식 날 일망타진해 남로당 재건 운동 공범으로 엮을 계획이었는데, 공작반의 내막을 모르던 다른 부서에서 하루 전인 21일 이병주를 덜컥 체포해 버렸다.

공작이 수포로 돌아가자 이병주는 필화로 내몰렸다. 연행된 논설위원 중 변노섭은 사회당 경남도당 준비위원회 무임소 상임위원으로 날카로운 논설 필자였기에 이병주와 공범으로 엮였다.[20]

이병주는 「조국의 부재」[21]와 「통일에 민족역량을 총집결하자」[22]라는 두 글로 법정에 섰다. "조국이 없다. 산하가 있을 뿐이다. 이산하는 삼천리강산이란 시적 표현을 가지고 있다"로 시작하는 「조국의 부재」는 분단시대 최고의 명논설이다. "진정 조국의 이름을 부르고 싶을 때"는 8.15와 4.19였지만, 그 꿈을 못 이룬 건 5천 년간 "지배자가 바뀐 일이 있어도 지배계급이 바뀌어 본 일"이 없었기 때문이라고 이병주는 적시했다.

지배계급은 "38선을 이용"하

월간 『새벽』 1960년 12월호에 실린 「조국의 부재」

　　　　　　　　　　　　　　국가폭력과 문학

여 정권을 유지한다. "민주주의의 성장 없이 공산주의를 막아낼 방법"이 없건만 보수정당은 자기들만 나라를 지킬 수 있다고 요란하다. "보수할 아무것도 없으면서 보수하려는 세력만 있는 것이 오늘날 이 나라의 보수주의 정당의 상황이다." 그러기에 옳은 보수정당을 세우려면 "혁신 세력들이 주장하고 있는 정강과 정책을 선취적으로 파악하고 실천하는 길밖엔 없다."

국민이란 "세금을 내기 위한 수단"이고, "병역에 충용하기 위한 존재"이자, "부역하기에 알맞은 노동력일 뿐"으로, "관권의 비위에 거슬리면 때론 수백 명씩 학살당하기도 하는 어쭙잖은 중생"이다. "백성은 그저 무기력하게 이리떼에 쫓기는 양떼와도 같았다."

이병주는 「조국의 부재」에서 한국의 지배계급(보수 세력)의 본질을 이렇게 갈파했다.

> 첫째, 어떠한 수단을 써서라도 권력을 가져야 하고, 일단 장악한 권력은 어떻게 해서라도 이를 계속 유지해야 한다. … 설득, 협박, 매수 등 방법은 갖가지다. …
>
> 둘째, 지배하기 위한 필요 외에 백성을 위한 정치가 있을 수 없다. 표를 모으기 위한 제스처는 있을 수 있어도, 다시 말하면 백성을 위하는 척하는 지배 방법은 있을 수 있어도 백성의 문제를 스스로의 문제로 하고 백성의 소원을 겸허하게 들을 줄은 모른다.
>
> 셋째, 국토를 누가 가져가더라도 스스로의 권력만 온존하

면 그만이다. …

　넷째, 지배자의 이익을 조금이라도 침범하는 사상은 사악한 사상이다. 지배자의 현상을 유지하기 위해선 백성이 아사해도 하는 수가 없고 양민을 학살할 수도 있다.

　다섯째, 아무리 동지라고 하더라도 언제 배신을 할지 모르니 당중(黨中)에 당을 만들어야 하고 파중(派中)에 파를 만들어야 한다. 그리고 우선하는 순위는 제1이 자기 개인의 이익, 제2가 자파의 이익, 제3이 자당의 이익, 제4가 국가의 이익이다.[23]

　이런 조국에 젊은 세대가 갈망의 눈으로, "그들의 정열이, 그들의 포부가 버림받은 민중의 틈에서 잡초처럼 강인하게 뿌리를 뻗을 때, 그때 비로소 조국에 아침이 온다. 그러나 멀고 먼 조국의 아침이여! 오호! 통절한 우리들 조국의 부재여!"라고 끝맺는 이 통쾌함.

　「통일에 민족역량을 총집결하자」는 "국토의 양단을 이대로 두고 우리는 희망을 설계하지 못한다. 민족의 분열을 이대로 두고 어떠한 포부도 꽃피울 수 없다"면서, "누가 누구를 경계하는 것이냐?/어디로 향한 총부리냐?/무엇을 하자는 무장이냐?"고 절규한다.

　이병주와 변노섭은 각각 10년형을 받아 복역하던 중 1963년 12월 16일 특사로 출소했다. "그런데 술친구였던 박 대통령이 자기를 2년 7개월이나 감옥살이를 시키다니…. 잡혔을 때는 그러려니 했지만 시일이 지날수록 원한이 사무치게 된 것이다. 그러나 참았다. 그러다가 박 대통령이 죽고 난 다음" 이병주는 박정희를 역사의 심판대에 올렸다.[24] 필화가 없었다면 언론이 본업이고 창작이 부업이었을 그는 총칼로 당한 억울함을 붓으로 톡톡히 갚고자 본업을 작가로 바꿨다. 소설『그해 5월』

작고 6년 전인 1986년 서재에 앉아 있는 이병주 작가

과『그를 버린 여인』은 '산바가라스' 술친구 박정희에 대한 빚 갚음이다.

박정희 통치 18년을 까발린『그해 5월』은 이탈리아 기자 오리아나 팔라치Oriana Fallaci가 에티오피아 황제 하일레 셀라시에를 인터뷰한 기사를 인용한다. "폐하, 지금 에티오피아를 구제하는 오직 한 가지 방법이 있다면 그건 무엇이겠습니까?" 팔라치의 질문에 셀라시에가 묵묵부답하자 팔라치는 "내가 대신 말해 볼까요?"라며, "지금 에티오피아를 구하는 유일한 방법은 폐하가 황제의 자리에서 물러나는 일입니다"라고 말했다. 바로 이병주가 박정희에게 하고 싶었던 말이었다. 우간다의 이디 아민Idi Amin이 "박정희의 충실한 제자"로 박정희로부터 온갖 불법적인 통치술을 배운 것이라고도 했다.

『그를 버린 여인』에서는 박정희에 대해 "세상에 도의가 제대로 작용한다면 '그'는 평생을 뒤안길에서 살아야 할 사람"으로 치부한다. 소설에서는 여순 사건 때 박정희의 고발로 아버지를 잃은 청년 일당이 박 대통령 암살 모의 중 붙잡힌다. 그들은 박정희의 죄악을 이렇게 요약한다.

> 첫째 민족의 적입니다. 일본 제국의 용병이었으니까요. 둘째 민주주의의 적입니다. 쿠데타로써 합헌 민주정부를 전복한 자니까요. 셋째, 윤리의 적입니다. 자기 하나의 목숨을 살리기 위해 자기 친구를 모조리 밀고해서 사지에 보낸 자이니까요. 넷째, 현재 국민의 적입니다. … 학생이건 지식인이건 정치가이건 경제인이건 인정사정없이 탄압하는 자이니까요. 게다가 그자는 나에겐 불구대천의 원수입니다. 나는 그자를 없앰으로써 애국자가 되는 동시에 효도를 다하게도 되는 거지요. 나는 그자 하나를 없앰으로써 그자가 계속 존재하면 생겨날지 모르는 수천수만의 희생자를 미리 구할 수 있게 되는 겁니다.[25]

이러한 말들은 바로 이병주가 소설을 빌려 박정희에게 하고 싶었던 말이었다. 이 작품은 김재규가 그들을 방면해 준 직후에 10.26 거사를 감행했다고 시사하고 있다. 얼마나 역사적인 실체에 가까운지 모르겠으나, 작가 이병주는 김재규의 결행을 이 청년들의 논리에서 찾고 있다. 아직까지도 박정희에 대한 총체적인 비판을 이병주만큼 예리하게 지적한 연구자는 없다.

미국을 비판하는 문학에
철퇴

자기 나라의 국방을 남에게 전적으로 의존하던 시대는 지나갔
습니다. 우리는 주한 미 지상군 철수 문제가 본격적으로 거론되
기 훨씬 전부터 불원간 이러한 사태가 올 것이다 하는 것을 예측
하고, 그러한 사태가 왔을 때를 대비해서 그 동안 조용한 가운데
소리 없이 여러 가지 준비를 추진해 왔습니다.

이 말의 출처는 김대중 전 대통령이나 노무현 전 대통령이 아
니라, 1978년 1월 18일 박정희의 연두 기자회견이다.

과연 미군이 한반도에서 철수하는 날이 올까? 그건 아마 남북
한이 통일하는 것만큼이나 어려운 과제일 것이다. 한미 관계에 엇
박자가 생기면 수구 세력들은 우방을 들먹이며 미군 철수를 우려
하고, 숭미파들은 애간장을 녹이지만 제발 그런 쓸데없는 남의 나
라 염려 따위는 팽개쳐도 좋다. 일본의 방어선이자 중국의 전진기
지이고 감시탑의 최적지인데다가 러시아의 견제기지라는 지정학
적 요충지 한반도를 미국이 스스로 포기할 리가 없다. 미국은 적은
비용으로 한반도에서의 우위를 유지하기 위해 한미 관계를 고의로
삐걱대게 조작할 따름이다.

1958년 북한에서 중국군이 철수한 후에도 미국이 한국에 주둔

시키고 있는 수만의 외국 군사력은 한국전쟁 이후 많은 세월이 흐른 뒤에도 남북 간 군사문제의 대외적 종속을 구조화시키는 결과를 가져왔다. ⋯ 주한미군사력의 존재로 인하여 한반도 군사문제는 전적으로 미국의 세계전략에 부속되어 미국의 결정사항으로 일관되었다.[26]

미8군도, 사드도 이 연장선상에 있다. 특히 사드 배치는 도요토미 히데요시의 '정명가도征明假道' 겁박이나, 영국이 러시아를 견제하고자 거문도에 설치했던 포대처럼 황당하다. 남북한이 이런 강대국들이 만든 무대 위의 검투사처럼 서로 증오하며 싸우고 있는 상황은 민족의 비애이다. 사드 설치를 비롯한 군사력 압박이 한·미·일과 북·중·러의 두 삼각 대립구도를 형성해 동아시아를 신냉전시대로 몰아가진 않을까 하는 우려는 여전하다. 우리가 그리는 평화는 힘든 여정에 있다.

그 평화를 시인 정공채鄭孔采(1934~2008)는 31장으로 구성된 장시長詩 「미8군의 차」[27]에서 서정성 짙은 기법으로 구현했다. 한국을 지킨다는 미군이 도리어 전쟁을 야기해 민족 주체성을 훼손한다는 이 시는 2년간의 치밀한 구상 끝에 1963년 정초 연휴 때 사흘 만에 200자 원고지 156매로 열매를 맺었다. 아름다운 이 서정시가 필화로 비화한 건 일본에 널리 소개되면서였다. 1960년 안보 투쟁의 좌절로 주한미군 문제를 자신들의 처지와 동일시했던 일본이었다. 사회당계로 최대의 문학단체였던 신일본문학회 기관지인 월간『신

일본문학』을 비롯해 공산당 신문『아카하타』 등이 이 작품을 대서특필했다. 조총련의 각종 매체들이 가세했고, 시민운동의 대표 작가 오다 마코토小田實까지 앞장선 이 시의 일본어 번역은 「미8군의 지프米8軍のジープ」였다.

1550여 행의 이 시는

안보 투쟁
1960년 일본에서 미국 주도의 냉전에 가담하는 미일 상호방위조약 개정에 반대하여 일어난 시위. 사진은 히비야 공원에서 국회로 향하는 시위대.

'남자'와 '여자'를 주인공으로 설정하여 한국인의 집체적인 전형성으로 삼았다. 어린 아들을 둔 여자는 미군이 주둔하면서 양공주가 되고, 남자는 임학林學의 꿈을 접고 나락에 떨어져 헤매다가 4.19 혁명을 겪으며 정신을 차려 귀향, 아들에게 이 땅의 평화를 노래하는 시인으로 투쟁할 것을 다짐한다. 여자도 외국인들에 둘러싸여 지내다가 홀연히 한국 남자가 그리워진다. 파괴되어 가는 반도의 대지와 산림을 키워 미8군의 차를 이겨 자유와 평화의 대지를 이루는 상징으로 시는 끝난다.

"주둔/버드나무에 말을 맨/주둔./18년(1945년부터 63년까지)의 강하(江河)와 그/일월./옛날에는 힘센 장수가/무딘 손으로/말고삐를 매었다./버드나무가 줄줄이 늘어선/우리 조선 땅에." 미8군의 차가 밀려온다. 평화스러웠던 마을은 전쟁에 휩싸여 '나'는 진주농림학교에서 존경하던 임학 선생이 민족과 국토를 위해 나무를 심자는 가르침에 감동한다. 그러나 "교실에서는 조림과 삼림보호를 배우던/친구들이./산에서/흐르는 작은 별과 같이/총을 맞아 죽어갔다." 바로 지리산의 비극이다. 시인 역시 "까맣게 자라야 할 머리카락이 없어지고/빨가벗은 대머리가 되었다." '나'는 "임학을 버리고//찬물을 마시고 취하는 외교와/거짓 술잔을 높이 들고 미소짓는/그런 정치외교학과에." 투신했다. 실제로 정공채는 수원농대 대신 연세대 정치외교학과에 들어갔다.

미8군의 차 "바퀴는 굴러가다가 용산/바퀴는 굴러가다가 영등포", 이어 부평, 오산, 서면, 운암, 의정부, 동두천, 전곡, 파주, 문산, 운천 등으로 굴러가 머물렀다. 18년간 "바퀴가 몇 만, 몇 십만 번을 굴렀는데도/꽃같이 아름다운 자유는/빵과 의복과 따뜻한 주소의/열매를 달지는 않았다./다만 텅 빈 마른 나뭇가지."일 뿐인 한국.

전범국가 독일과 일본에도 미군의 "바퀴가 궁굴었는데 패잔병은/잔병은/바로 우리다." 두 나라는 도리어 기적을 이뤘으나 우리는 "빈 나뭇가지"뿐이다. "내가 태어난 나라, 숙명의/어머니" 조국의 참담함. 그래서 여자는 "나에게서 떠나/가면/꽃이 되겠지./돌아/가면서/당신은/꽃이 되겠지. 꽃이 되어 주겠지./항구가 되겠지./참 여러 항구를 많이 돌아/다닌/여자가" 된다.

그러나 "나는 4월에/결코 죽지 않는다는 것"을 배워 내 연인(조국)을 찾고자 "잔인해야지./잔인하라. 잔인하라. 잔인하라."라고 투지를 다진다. 잔인한 투쟁으로 나는 '패잔병' 신세를 청산하고 귀향, 목관악기로 조국을 노래한다. "우리나라는 토끼가 아니다/…/

우리나라는 힘센 호랑이다/…/판도를 주린 신라의/여자 위로/우왕 거리던 호랑이/고구려 위로 나의/손이/임학 위로 바쁘게 불고 있었다." 시는 다음과 같이 끝난다.

> 노오란 자산
> 미8군의 차보다 큰
> 교목림으로
> 이 땅, 우리 조국에 가득히
> 자유의 밭을 이루라.
> 기쁜 밭을 이루라.
> 삼림을 이루라.

1964년 초, 정 시인은 직장인 일성신약 상무실로 불려가 중앙정보부 직원을 만났다. 그는 시인을 다방으로 데려가 신상명세서를 작성해 갔다. 그 뒤 다른 중앙정보부 직원이 다녀가곤 하더니 3월에 자택으로 '반공사상 계몽연구소' 명의의 등기우편물이 왔다.

> 정공채 귀하
> 귀하는 반공법 피의자로 문의지사가 유하오니 내 30일(금요일) 오전 9시까지 당소에 출두할 사.
> 추신: 이 사실을 누구에게도 알리지 말 것. 귀하에게 극히 불리함. 출두 시 인장을 지참할 사.
>
> 중앙정보부 수사관 서＊＊

『민족일보』기자로 시경 출입을 했고, 문화방송 프로듀서를 거친 정공채는 세상사에 밝았다. 그는 반공사상 계몽연구소에서 하루 종일 조사를 받고도 모자라, 이후 6일 동안 아침부터 조사를 받다가 12시에서 1시 사이에 밖으로 나와 자기 돈으로 점심을 사 먹고는 다시 들어가 퇴근시간까지 조사를 받았다. 조사

문화방송 프로듀서로 일하던 시절(1962~1969)의 정공채 시인

관은 그를 반미주의자에다 '교도 민주주의자*'로 몰아세웠지만, 시인은 시종 '민족주의자에 민주주의자'라고 답했다.

4월 초 수사 6일째인 토요일 아침, 그는 구속될 것 같은 낌새를 느끼고 두툼한 내의에다 외투까지 갖고 출두했다. 정오가 지나도 점심시간을 안 주더니 1시경 수사를 끝내고는 서류에다 지장을 찍게 하고는, "이제 집에 가도 좋습니다"라고 했다. 그간 문인 네명에게 시 감정을 의뢰했는데, 한 분만 반미적이라 했고 나머지는 민족 주체성을 서정적 장시로 엮은 훌륭한 작품이라고 평했다는 귀띔이었다. 앞으로는 정치적 참여시를 쓰지 말 것을 당부하며 '기소 중지' 처분으로 석방한 것이다. 감정사 네 명은 김용호, 김현승, 조연현, 조지훈이었다. 이 중 누가 불리한 감정을 했을까?

....

* **교도 민주주의** 인도네시아의 대통령 아크멧 수카르노(Achmad Sukarno)가 제창한 민주주의로. 일반 대중에 대한 엘리트의 교도적 역할을 강조하였다.

이후 정권은 매주 1회 그의 모든 활동을 조사해 갔고, 이로 말미암아 그는 분방했던 시인적인 삶으로부터 노장적老莊的 세계관으로 인생관을 바꾸지 않을 수 없었다. "만약 내가 그 사건을 겪지 않았다면 자유실천문인협의회(한국작가회의의 전신)가 생길 무렵 누군가로부터 가입 권유를 받았을 때 아마 참여했을 것"이라고 시인은 말했다.

반핵 문학의
원점

작가 남정현南廷賢(1933~)은 단편 「분지糞地」[28] 때문에 연행되어 고문과 수사를 받은 뒤 불구속 기소되어 1967년 6월 28일 제1심에서 선고유예 판결을 받았다. 이 필화를 둘러싼 법정 공방에 대해서는 한승헌 변호사의 여러 기록들을 읽으면 사건 전모를 이

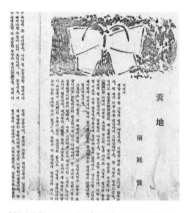

『현대문학』 1965년 3월호에 실린 단편 「분지」

해하는 데 부족함이 없다.[29] 그러나 이 작품에 대한 민족문학사적인 해석과 평가는 아직도 제대로 이뤄지지 않고 있어 차제에 바로잡아야 할 것 같다. 작가는 이 소설 창작 동기를 "반핵과 반미"에서

찾고 있다. 작가는 "핵무기의 엄호를 받고 있는 미군에 의해 훼손되는 민족적인 자주권, 그리고 인간적인 모독, 거기에서 오는 우리 민족의 울분과 자존심 등을 민족적 양심에서 형상화 한 것"이 이 소설이라고 강변한다.

> 지금까지 역사상에는 인류의 평화를 위협하는 요인들은 수없이 많았습니다. 제국주의 정책에 의한 침략과 착취, 계급간의 갈등, 인종적인 편견과 우월감, 종교의 차이, 영토 분쟁, 폭군의 야망 등등, 그 이외에도 수다한 요인이 있습니다만, 그러나 오늘날에 와서는 핵무기보다 더 평화를 위협하는 존재는 없으며, 또한 핵무기보다 더 인류의 번영을 위협하는 존재도 없습니다.[30]

풍자적 기교에 능숙한 남정현은 「분지」를 우화 형식으로 다뤄 자신이 쓰고자 했던 의도를 충분히 그렸지만, 검찰 공소장이나 법정 공방, 이후 문학 연구자들의 글에서 반핵 문제는 크게 부각되지 않았다. 미국이 핵무기로 무고한 나라를 위협하며 평화를 교란시킨다는 것이 「분지」의 주제이다. 반핵으로 세계(작게 보면 동아시아) 평화를 구축해야 한다는 현대판 '동양 평화론'을 그리고자 한 것이다.

소설은 홍길동의 10대손인 홍만수가 돌아가신 어머니의 영전에 호소하는 독백 형식으로 전개된다. 그녀는 해방 후 태극기와 성조기를 들고 무슨 환영대회에 나갔다가 미군에게 능욕당한 치욕과 분노를 견디지 못해 광분 상태로 세상을 떠났다. 홍만수는 펜타곤 당국에 의하여 "악마가 토해낸 오물"로 낙인 찍혀 "육체와 그의 영혼까지를 완전히 소탕"시키겠다는 위협을 받고 있다. 만수가 숨어 있는 향미산向美山은 "대한민국의 일 년 예산에 해당하는 금액"을 들여 "핵무기의 집중공격"을 하려는 펜타곤에 의하여 완전 포위당해 있다.

홍만수는 "이방인들이 흘린 오줌과 똥물만을 주식으로 하여 어떻게 우화처럼 우습게만 살아온 것" 같은 자신의 누추한 삶을 반성하며, 설사 펜타곤이 핵공격을 해도 선조 홍길동의 기적을 일으켜 "구름을 잡아타고 바다를 건너" 미국으로 날아가 기어이 자신의 억울한 한풀이를 하고야 말겠다고 다짐한다.

왜 그는 펜타곤의 핵공격을 당해야 하는가. 펜타곤 방송에 의하면 그는 "성조기의 산하(한국)에서 자유를 수호하는 미국의 병사(스피드 상사)를, 그의 아내(비취)의 순결을 짓밟"은 "강간자"이기 때문이다. 이 대목 때문에 검찰은 공소장에서 "비취 여사의 몸을 강제로 눕히고 겁탈하고 말았다"라며 홍만수를 강간범으로 몰아버렸다.[31] 과연 그럴까?

홍만수와 여동생 분이 두 남매의 아버지는 항일투사로 행방불명 상태였는데, 해방이 되어도 귀환하지 않았다. 여기에는 해방을 맞았지만 다시 친일파가 득세한 현실을 상기시키려는 작가의 의도가 스며 있다. 어머니마저 미군의 강간으로 미쳐서 죽어 버려 어렵게 지내다가 한국전쟁을 맞아 만수는 입대했다. 군 복무를 마친 뒤 돌아와 보니 누이 분이는 미 제 엑스 사단 소속 스피드 상사의 첩이 되어 있었다. 어머니를 죽게 만든 미군에 대한 억하심정에도 불구하고 먹고살고자 그는 양키 물건 장사를 시작했다. 주변에서는 양키를 매부로 둔 만수를 특혜족으로 우러르며 미국으로 통하는 길을 열어 달라고 호소하는 터여서 만수는 울분에 차서 절규한다.

"이 견딜 수 없이 썩어빠진 국회여 정부여, 나 같은 것을 다 빽으로 알고 붙잡고 늘어지려는 주변의 이 허기진 눈깔들을 보아라. … 진정으로 한민족을 살리기 위해서 원조를 해줄 놈들은 끽소리 없이 원조를 해주고 그렇지 않은 놈들은 당장 지옥에다 대가리를 처박으라고 전 세계를 향하여 피를 토하며 고꾸라질 용의는 없는가. 말하라 말하라."

그런데 밤마다 스피드는 분이에게 "본국에 있는 제 마누라 것은 그렇지가 않다면서, 차마 입에 담지도 못할 욕설과 폭언"으로 들볶으며 구타까지 해댔다. 누이가 당하는 고통의 비명을 매일 밤 들어 오던 만수는 마침 한국을 방문한 스피드 상사의 부인인 비취 여사를 향미산으로 데려간다. 그는 "하반신을 한번 관찰함으로써 저의 의문을 풀고 싶었을 뿐, 그 외의 다른 아무런 흉계도 흑막"도 없었다.

그는 비취 여사에게 정중하게 "옷을 좀 잠깐 벗어 주셔야 하겠습니다"라고 말하며, 그 이유를 "밤마다 곤욕을 당하는 분이의 딱한 형편" 때문이라고 밝혔다. "단 하나인 누이동생의 건강을 보살피자면 부득불 나는 여사가 지닌 국부의 그 비밀스러운 구조를 확인함으로써 그 됨됨이를 분이에게 알려주어, 분이가 자신의 육체적인 결함이 어디에 있는가를 자각케 하여 그 시정을 촉구하는 방향으로 나가야 하지 않겠느냐는 오빠로서의 입장을 확실히"했다. 그러자 비취 여사는 "갓뎀!"이라며 홍만수의 뺨을 후려쳤고, 만수는 이를 저지하고자 여사의 목을 눌러 배 위로 덮쳤다. 그녀는 제발 죽이지만 말아달라고 애원하다가 "헬프 미!"를 외치며 향미산 아래로 내려가 버렸다. 결코 강간은 없었다.

사태의 심각성을 깨달은 만수는 출신구 의원에게 도움을 청하러 갔으나 이미 그는 스피드 상사의 상관을 찾아가 열 번이나 절을 하고 자기 출신구의 유권자 중에 이런 "해괴한 악의 종자가 인간의 탈을 쓰고 존재했었다는 사실은 본인의 치욕이며 동시에 미국의 명예에 대한 중대한 위협임을 누누이 강조"하며, "사전에 적발하여 처단하지 못한 사직당국의 무능과 그 책임을 신랄하게 추궁할 것임을 거듭 약속"한 터였다.

홍만수가 결백한데도 억울하게 핵공격을 당할 위기에 처했다는 게 「분지」가 말하고자 하는 민족적 위기의 본질이며, 이는 부당한 점령자로서의 미국의 오만성을 상징한다. E. M. 포스터 E. M. Forster 의 『인도로 가는 길』을 연상하면 이 대목은 보다 명확해질 것이다.

작가는 검찰에서 이 점을 강조했지만 듣지 않고 겁탈한 것으로 왜곡해 버렸다. 왜곡은 수사기관에서만 행해진 게 아니다. 반세기 동안 이 작품에 대하여 언급한 많은 글들도 수사기관의 주장처럼 홍만수가 비취 여사를 겁탈한 것으로 보고 있다고 작가 남정현은 아쉬워하고 있다.

"어떻게 그 많은 평론가들 중 작가가 쓴 소설의 줄거리를 제대로 파악하고 작품을 분석 평가해 주려는 양식을 지닌 분이 하나도 없는지 모르겠다."라며 정확성, 치밀성이 없는 평단 풍토를 비꼬았다. 공소장처럼 홍만수가 비취 여사를 겁탈했기에 펜타곤이 공격했다면, 결국 한국의 비평계는 「분지」를 유죄의 구렁텅이로 몰아넣은 꼴이 되지 않는가. 그것도 50년이 지난 지금까지 여전히 홍만수를 '겁탈범'으로 보고 있다면 너무 심하지 않은가.

검찰이 고발한 계급의식 운운은 그야말로 이 소설에 대한 오독의 극치다. 「분지」는 민족의식은 강하나 계급의식은 깊이 다루지 않았다. 작가는 계급갈등보다 민족 자주성을 더 중시했다.

향미산에 숨어 있던 만수가 펜타곤의 핵공격을 받는 즉시 홍길동의 술수로 구름을 타고 미국으로 가서 그곳 여인들의 배꼽에 "깃발을 성심껏 꽂아놓을 결심"을 하는 게 이 소설의 마지막 장면이다. "태극의 무늬로 아롱진 이 러닝셔츠를 찢어 한 폭의 찬란한 깃발"로 만든 것이다. 작가는 여기서 '태극의 무늬'는 원래 없었던 것이었는데 퇴고 과정에서 삽입시켰다고 한다. 태극무늬, 즉 한국의 깃발이었기 때문에 그는 심한 고문에서 벗어날 수 있었다고 밝혔다.

맺는 말

필화는 그릇된 지배 이데올로기를 고수하기 위하여 국가권력이 부당하게 행사하는 '국가폭력'의 한 형태임을 입증해 보려는 것이 이 글의 목적이었다. 각계의 많은 필화 사건 중 이 글에서는 지면 관계상 반통일(분단 지지), 반민족적(외세 의존적)인 필화 문학작품만을 골라 다뤘다. 문제는 반세기도 더 넘는 이런 필화 작품들이 여전히 유효하다는 점이다. 그만큼 한국 현대사는 5.16 쿠데타의 상처가 너무나 깊숙하게 자리하고 있다. 이제부터라도 그 시대의 역사적 상처를 더 진지하게 연구해야 하지 않을까.

영향·모방·인용·표절,
그 위태로운 경계들

정끝별

이화여자대학교에서 공부하고 현재 동 대학 국어국문학과 교수로 재직하고 있다. 1988년 『문학사상』 신인발굴 시부문에 당선된 「칼레의 바다」는 로댕의 〈칼레의 시민들〉과 오월 광주를 접목시킨 작품이었고, 1994년 『동아일보』 신춘문예 평론부문 당선 평론 「서늘한 패로디스트의 절망과 모색」도 오규원 시에 방법적으로 모방인용된 패러디 양상의 시적 의미와 효과를 기술한 작품이었다. 1996년에 박사 학위 논문 「한국 현대시의 패러디 구조 연구」를 통해 패러디 이론을 체계화하고 우리 현대시에 접목해 그 문학적 역할과 의의를 정립하였다. 이어 다수의 패러디 관련 저서와 논문을 썼으며, 자연스럽게 2012년에는 「현대시 표절 양상에 대한 분석적 고찰」을 썼다. 창작으로, 평론으로, 논문으로 텍스트 간의 융합과 혼종과 퓨전과 번역 등의 문제에 앞장서서 달려온 셈이다. 베끼기 혹은 빌리기로서의 다른 텍스트들과의 유사성은 글을 쓰는 자의 운명이라는 걸 자각하고 이론화하는 과정이었던 것도 같다. 문제는 왜 베끼고 어떻게 빌리는가의 문제일 것이다.

시집 『삼천갑자 복사빛』(민음사, 2005), 『와락』(창비, 2008), 『은는이가』(문학동네, 2014), 시론집 『패러디 시학』(문학세계사, 1997), 『천 개의 혀를 가진 시의 언어』(케포이북스, 2008), 『시심전심』(문학동네, 2011) 외 다수의 저서가 있으며, 유심작품상 소월문학상 청마문학상 등을 수상했다.

* 이 글은 『패러디 시학』(문학세계사, 1997)과 「현대시 표절 양상에 대한 분석적 고찰」(『현대문학 이론연구』 48호, 2012)을 토대로 다시 정립하고 서술한 것임을 밝혀 둔다.

「타는 목마름으로」가 던져 준
텍스트 간의 유사성

일명 '모래시계 세대' 혹은 '386(30대이면서 80년대 학번을 가진 60년대생) 세대'들이 대학시절 내내 그토록 간절히 불렀던 노래「타는 목마름으로」.

> 신음소리 통곡소리 탄식소리 그 속에 내 가슴팍 속에
> 깊이깊이 새겨지는 네 이름 위에
> 네 이름의 외로운 눈부심 위에
> 살아오는 삶의 아픔
> 살아오는 저 푸르른 자유의 추억
> 되살아오는 끌려가던 벗들의 피묻은 얼굴

떨리는 손 떨리는 가슴
떨리는 치떨리는 노여움으로 나무판자에
백묵으로 서툰 솜씨로
쓴다.

숨죽여 흐느끼며
네 이름을 남 몰래 쓴다.
타는 목마름으로
타는 목마름으로
민주주의여 만세

— 김지하, 「타는 목마름으로」 부분

내가 다니던 대학 앞에는 같은 이름의 주점이 있었고 한 선배
는 그곳에서 결혼식을 했었다. 같은 제목의 시집이 통째로 금서가
되었고, 같은 제목의 시에 노래를 붙인 그 운동가요 또한 금지곡이
되었다. 「타는 목마름으로」는 그렇게 한 시대의 상징이 되어 갔다.
그러던 어느 날, 외국 시편들에 관심을 갖기 시작한 대학 4학년이
었던 1986년 무렵 번역시로 처음 본 폴 엘뤼아르Paul Eluard의 「자유」
는 무척 익숙했다.

국민학교 학생 때 나의 노트 위에
나의 책상과 나무 위에
모래 위에 눈 위에

나는 너의 이름을 쓴다

내가 읽은 모든 페이지 위에
모든 백지 위에
돌과 피와 종이와 재 위에
나는 너의 이름을 쓴다

(…중략…)

그 한 마디 말의 힘으로
나는 내 삶을 다시 시작한다
나는 태어났다 너를 알기 위해서
너의 이름을 부르기 위해서

자유여.

— 폴 엘뤼아르, 「자유」 부분

    당혹스러웠다. 이 두 텍스트 간의 유사성에 대해 나는 어떻게 설명해야 할지 막막했다. 김지하는 엘뤼아르의 시를 읽은 후에 「타는 목마름으로」를 썼을까? 사람들은 김지하의 「타는 목마름으로」 이전에 엘뤼아르의 「자유」가 있었다는 걸 알고 있을까? 이런 혼란스러움은 시 읽기의 범위가 넓어질수록 비일비재했다.

1)   몇 개째를 집어 보아도 놓였던 자리가
      썩어 있지 않으면 벌레가 먹고 있었다.

그렇지 않은 것도 집기만 하면 썩어 갔다.

거기를 지킨다는 사람이 들어와
내가 하려던 말을 빼앗듯이 말했다.

당신 아닌 사람이 집으면 그럴 리가 없다고-.
— 김종삼, 「원정(園丁)」 부분

1)′ 죄(罪) 바로 그것 손가락 끝이 닿기만 하면
아름다운 낙하(落下)가 시작되는 거다.
— 아오키 하루미, 「덫」 부분

2) 잘 있거라, 짧았던 밤들아
창밖을 떠돌던 겨울안개들아
아무것도 모르던 촛불들아, 잘 있거라
공포를 기다리던 흰 종이들아
망설임을 대신하던 눈물들아
잘 있거라, 더 이상 내 것이 아닌 열망들아
— 기형도의 「빈집」 부분

2)′ 잘 있거라,
나의 벗이여, 잘 있거라.
사랑스러운 벗이여, 너는 나의 가슴 속에 있다.
운명적인 이별은 내일의 만남을 약속한다.

잘 있거라, 나의 벗이여, … 이 인생에서 죽는다는 건 새로울 게

132

없다.

하지만 산다는 것도 물론 새로울 게 없다

— 세르게이 예세닌, 「잘 있거라」 부분

시의 독창성이란 무엇일까? 텍스트 간의 유사성과 착종 현상을 어떻게 보아야 할까? 텍스트들 간의 이 같은 유사성은 우연의 일치일까? 일련의 회의와 물음 속에서 해결의 실마리를 발견한 것은 석사과정 때 접했던 비교문학에서의 영향 관계 연구였다. 이어서 러시아 형식주의자와 미하일 바흐친Mikhail Bakhtin, 롤랑 바르트Roland G. Barthes와 미카엘 리파테르Michael Riffaterre, 줄리아 크리스테바Julia Kristeva 등을 접하면서, 서로를 넘나드는 텍스트 간의 유사성*에 대해 개념 정리가 이루어지는 듯했다. 이들 사이에서 간간이 튀어 나왔던 단어가 바로 '패러디parody'였다. 패러디는 텍스트 간의 유사성을 가장

....

* **텍스트 간의 유사성** 어느 한 텍스트가 다른 텍스트와 맺고 있는 상호관련성을 상호텍스트성(intertextuality)이라고 한다. 좁은 의미로는 '주어진 텍스트 안에 다른 텍스트가 인용문이나 언급의 형태로 명시적으로 드러나 있는 경우'를 말하며, 넓은 의미로는 '텍스트와 텍스트, 혹은 주체와 주체 사이에서 일어나는 모든 지식의 총체'를 가리킨다. 독자가 인식할 수 있는 다른 텍스트와의 연관 속에서 텍스트의 의미가 형성된다는 개념이다.
프랑스의 기호학자 크리스테바가 1966년에 소련의 문학이론가인 바흐친에 관해 쓴 논문에서 이 용어를 처음 사용하였는데, 바르트 등이 사용함으로써 널리 쓰이게 되었다. 리파테르는 독자가 읽고 있는 텍스트에 의해 연상되는 모든 텍스트들의 총체를 지칭하는 포괄적 개념으로, 크리스테바는 모자이크와 같이 다른 텍스트들을 인용하고 흡수하고 변형시킨 개념으로 상호텍스트성을 인식하고 있다. 참고로 바흐친은 "두 작품, 중첩된 두 개의 언술은 우리가 대화적이라 부를 수 있는 의미론적 관계의 특수한 유형을 형성한다"고 지적하면서, 그 언술적 특성을 다성성(polyglossia), 즉 대화성(dialogoisme)이나 이어성(heteroglossia) 등으로 설명한 바 있다.

합법적으로 용인하는 시적 장치로서, 포스트모더니즘 이론이 소개되는 와중에서 눈에 띄었던 단어이기도 했다. 막연하지만 패러디의 뿌리가 깊다는 것을 알게 됐고, 그 개념부터 정리할 필요성을 느꼈다. 발로 뛰는 작업이었다. 나의 박사 학위 논문은 그렇게 시작되었다.

방법적 모방인용으로서의 패러디와 그 유사 형식들

넓은 관점에서 보자면 패러디는 주체와 주체, 텍스트와 텍스트 사이에서 발생하는 일반적인 '영향influence과 모방imitation'의 관점에서 파악될 수 있다. 패러디가 영향의 결과이고 모방의 행위임에는 틀림없는 사실이다. 그러나 영향이 무의식적인 모방의 결과라면, 패러디적 모방인용은 의식적이고 직접적인 (그러나 원텍스트에 대해서는 긍정적일 수도 부정적일 수도 있는) 영향의 결과이다.[1] 물론 단순한 모방인용이나 표절도 의식적인 영향의 결과이지만, 원텍스트를 '의식적으로' 전경화foregrounding•시키지 않는다는 점에서 패러디

....

• **전경화** 얀 무카르조프스키(Jan Mukařovsky)의 시학에서 비롯된 용어로, 독자들의 주의를 환기시키기 위하여 전체 문맥에서 그 부분이 앞으로 돌출되어 있음을 의미한다. 이 장에서는 패러디란 그 대상이 되고 있는 원텍스트를 어떤 형태로든지 독자에게 알리기 위해 주의를 환기하도록 장치해야 한다는 점에서 '원텍스트의 전경화 장치'라 부르고자 한다.

적 모방인용과 차이가 있다. 또한 단순한 모방인용을 원텍스트와 일치를 지향하는 것으로, 패러디적 모방인용을 원텍스트와 비판적 거리를 지닌 채 모방인용의 사실을 독자가 알아차리도록 하는 것으로 구별하기도 한다.

그럼에도 불구하고 이것들 간의 엄밀한 구분은 쉽지 않다. 첫째, 창작자의 명백한 언급이나 암시 없이는 그 창작 행위가 의식적이었는지 무의식적이었는지 쉽사리 증명할 수 없을 뿐만 아니라, 심지어 창작자조차도 그 영향 관계를 의식하지 못하는 경우도 더러 있다. 둘째, 의식적으로 기존의 텍스트를 모방인용한 경우 텍스트가 놓인 다른 문맥성 때문에 모방인용된 텍스트와 똑같을 수는 없다. 모방인용하는 순간, 모방인용자의 의도와 동기가 개입되기 때문이다. 극단적으로 말하자면 의도나 동기가 없는 모방인용이란 없고, 단순한 모방인용이라는 말은 실제적으로 모순된 용어인 셈이다. 원텍스트는 모방인용자에 의해 주체의 이해와 발화라는 주관적인 언어 과정을 반드시 거칠 수밖에 없는 것이다. 셋째, 실제 작품들에서 단순한 모방인용과 패러디적 모방인용을 구분하려 들면 구분하는 사람마다 다른 결과가 나온다. 기준의 척도가 주관적이라는 말이다. 그렇기 때문에 일부 논자들은 '치환에 의한 문학적 모방', '축자적인 인용', '부분적인 변형'까지도 패러디로 파악한다.[2] 창작자의 주관적인 의도가 강조되는 '인용이나 인유'[3]가 패러디와 밀접히 연관되는 이유다. 린다 허치언Linda Hutcheon[4]은 인용이 원텍스트와의 비평적 거리를 필수적으로 하지 않는 반면 패러디는 비평적 거리를 필수적으로 하고, 인유가 상응을 통해 이루어지는 반면 패러디는 차이를 통해 이루어진다고 애써 구별한다. 그러면서도 그것들이 구조적·실용적 측면에서 구별하기 어렵다는 점을 인정한다.

'영향'의 개념도 점차 확대되고 있어 이러한 혼란을 더욱 가중시키고 있다. 해럴드 블룸Harold Bloom[5]에 이르면 '영향'이란 문학의 기본적인 존재 방식의 하나가 되며, 후배 시인들이 의지하는 선배 시인의 언어는 곧 문학의 전통이자 관습을 지칭하게 된다. 그러므로 한 텍스트의 시적 의미는 선배의 작품에 영향을 받아 수정·보완하여 성취될 뿐이다. 또한 문학사에서 강한 후배 시인은 늘 선배 시인을 오독함으로써만 살아남는데, 이 오독이 후배를 독창적으로 만든다는 게 블룸의 핵심적 논지다. 그의 영향 이론은, 앞선 작품에 의지해서 그것을 수정하거나 다르게 쓴다는 점에서 패러디와 상통하는 부분이 있다. 그러나 이러한 영향은 모든 텍스트에 내재하는 특성인 반면, 패러디는 특수한 관계 속에만 제한된다는 점에서 변별되는 개념이다.

나아가 선행 텍스트와의 착종 현상은 '표절plagiarism'과 방법적 모방인

해럴드 블룸(1930~)
해럴드 블룸은 20세기 최고의 문학비평가 중 한 사람이라고 평가받는다. 그의 독창적인 문학이론이 담긴 『영향에 대한 불안』은 선후배 사이의 수정률을 여섯 단계로 나눈다. 이는 후배가 앞선 시인을 선택하고 둘 사이에 신성한 약속이 맺어지며 선의의 경쟁이 일어나고 후배는 선배를 육화시키며 해석하고 수정한다는 것이다.

용들과의 구분을 모호하게 한다. 방법적 모방인용과 표절은 원텍스트를 전제로 이루어진다는 점, 곧 두 개의 약호를 인정한다는 점에서 공통적이다. 그러나 표절이 원텍스트를 철저히 숨기면서 그것들이 마치 자신의 독창적인 창작품인 것처럼 가장하는 반면, 방법적 모방인용은 여러 장치들을 통해서 자신의 작품에 사용되고 있는 원텍스트의 흔적을 남겨둔다는 점에서 변별된다.

하지만 레이먼드 페더만Raymond Federman 같은 이는 창조성에 본질적인 의문을 제기하면서 표절의 문학적 가능성을 시사한 바 있다. 그는 '표절유희play-giarism'라는 조어를 만들어 냈다. 이 조어는 다른 텍스트에서 빌려 온 수많은 요소들이 몽타주나 콜라주처럼 구성된, 표절과 유희의 성격이 반반씩 섞여 있는 형식을 일컫는다. 그에 따르면, 신문이나 방송 등의 공공매체에서 어떤 아이디어를 얻거나 어떤 용어나 표현을 빌려 쓸 경우 그것 역시 '표절유희'가 된다. 특히 현대 작가들은 어떤 요소들을 끊임없이 재사용하고 때론 자기 자신도 작품 속에다 표절유희를 할 수 있으므로 표절유희란 좋은 의미의 표절이라고 지적한다. 또한 알라스데어 그레이Alasdair Gray는 그의 소설 『라나크Lanark』에서 독자들에게 자신의 글이 이전에 나온 어떤 작품을 표절했는지를 밝힌 '표절색인Index of Plagiarism •'

....

• **표절색인** 알라스데어 그레이는 그의 소설 『라나크』의 마지막 4권 말미에 '부록'의 형식으로 가상의 작가 인터뷰 부분을 덧붙여, 작품에 대한 착안과 집필 과정, 자전적인 연관성과 소회를 덧붙인다. 이를테면 이렇다. "월트 디즈니/ 1권에서, 라나크의 팔 변형과 사람들이 용으로 변신하는 설정은 영화 피노키오에서 변신한 주인공의 코와 나쁜 소년들이 당나귀

영향·모방·인용·표절, 그 위태로운 경계들

을 제공하여 표절논쟁 자체를 비웃
기도 했다. 이처럼 표절이 의도적으
로 혹은 공개적으로 이용되고 있는
경우는 방법적 모방인용의 범주 속
에서 다루어져야 할 것이다.

『라나크』 1981년 초판

　이러한 난립에도 불구하고 방법
적 모방인용과 그 유사 형식들을 구
별하려는 의도적인 작업은 반드시
필요하다. 영향이나 상호텍스트성은 원텍스트(혹은 원저자)와 무의
식적으로 이루어지는 자연스러운 교감인 동시에, 새로운 텍스트
(혹은 새로운 저자)에 총체적으로 반영된다. 이와 달리 방법적 모방
인용은 의식적인 동기를 가지고 이루어질 뿐만 아니라, 원텍스트
와의 불일치를 전경화시켜 다름을 강조한다. 그런 의미에서 방법
적 모방인용은 기법상의 차원으로 인정을 받는 모방인용의 행위이
다. 인정받는 모방인용에는 패러디와 인유와 인용 등이 속하고, 그
렇지 않은 모방인용에는 표절이 속한다. 다시 말해 자신의 텍스트

로 변하는 장면의 표절이다." 이러한 표절색인 중에 작품의 내용을 파악하고 이해하는 데
직접적인 도움을 주는 정보는 많지 않다. 오히려 불필요하고 현학적이거나, 때론 부정확한
정보를 나열해 오히려 혼란을 부른다. 이는 비평가와 작가 간의 소모적인 대립을 꼬집고
풍자한 대목이다. 게다가 이 표절색인에는 『라나크』가 44장으로 이루어졌음에도, 실제 작
품에 없는 45장부터 50장에 이르는 부분에 대한 주해까지 종종 등장한다. 이 또한 작가의
유머와 장난기가 개입된 부분이다. 작품을 스스로 비판하고 뒤트는 블랙코미디를 구사하
고 있는 것이다.

가 기존의 텍스트를 차용하고 있다는 사실과 그 동기를 드러내고 있느냐 은폐하고 있느냐 하는 데 차이가 있는 것이다. 의식적 모방이기 때문에 이를 고의적으로 드러내는 인정받는 모방인용의 경우는 윤리적으로 문제가 되지 않는다. 그것은 창작 방법이 되기 때문에 미학적으로만 문제가 된다. 그러나 의식적 모방인용임에도 불구하고 이를 고의적으로 감추려는 경우는 윤리적으로나 예술적으로 용납될 수 없는 표절이 된다.

표절/창작, 명백한 표절/방법적 표절의 경계들

패러디, 패스티시 pashtiche(혼성모방), 키치 kitsch, 콜라주 collage · 몽타주 montage · 오마주 hommage(짜깁기)*, 상호텍스트성, 영향, 모방, 인용, 차

....

* **패스티시** 비판력이 없는 닮음 혹은 모방을 특징으로 한다는 것이 일반적인 견해이다. 한 텍스트만이 아니고 수많은 텍스트들로부터의 모방이자 평면적으로 흡수되는 저항 없는 '닮음'이기에 중성모방, 짜깁기로서의 혼성모방이라고도 한다. 상대적으로 유희적 기능이 강하게 부각된다.
 키치 '경박한 것'이나 '저속한 작품'이라는 의미를 지니고 있다. 오늘날에는 통속적인 오락거리를 제공하는 대중문화의 잡다한 양식들을 지칭하는 용어가 되어버렸다. 싼티, 촌티, 빈티, 날티를 전략화한 B급 문화와 만나는 지점이 있다. 포스트모더니즘의 조건 속에서 양산되고 있는 패스티시, 콜라주·몽타주·오마주, 키치 등은 패러디와 많은 부분 맞물리고 있다.
 콜라주, 몽타주 미술에서 모아 붙이기나 영화에서 이어 붙이는 편집으로부터 비롯된 기법으로, 문학에서는 여기저기 흩어져 있는 단어나 문장의 단편들을 하나의 텍스트로 조립·구성하여 파편화되고 분열된 현실을 표현하는 형식을 지칭한다.

용, 인유, 번역, 의역, 번안, 다이제스트(요약), 발췌, 재해석, 위작, 개작, 모작, 표절 등 이 모든 개념들은 원텍스트에 대한 다양한 모방인용 방식을 일컫는 용어들이다. 이 같은 모방인용의 상용화 및 원본의 자기증식은 우리 시대의 특징적 키워드를 이루고 있다. 특히 엘리트와 대중, 생산자와 수용자, 전문인과 교양인의 경계가 무너지고 창조적 모방인용과 비윤리적 모방인용 간의 경계가 허물어지면서 많은 사람들이 표절에 주목하게 되었다. 인터넷, 모바일 등 전송 매체의 발달로 인해 표절은 저지르기도 쉽고 추적하기도 쉬워졌으며 그 기준 또한 점점 더 엄격해지고 있어 글쓰기에서도 심심찮게 표절논쟁이 벌어지고 있다. 이제 표절은 21세기 대중문화의 건전한 향유를 위한 필수 개념이 되었다.

창작을 할 때 타인의 작품 일부나 전부를 허락이나 출처 표시 없이 가져다 씀으로써 타인의 작품에 귀속되는 독창성originality을 자신의 것인 양 속이는 행위를 표절plagiarism이라 한다.[6] 그리스어 'plagios(음흉한)'나 라틴어 'plagiarius(사람을 훔쳐가는 사람, 즉 노예 도둑)'에서 그 어원을 찾는다면, 표절을 의미하는 'plagiaris'는 사상이나 문체를 은밀하게 도둑질하는 것을 의미한다.[7] 표절(剽竊)이라는 한자 또한 '훔치다'라는 뜻을 가진 '표(剽)'와, '좀도둑'이라

오마주 프랑스어로 '존경·경의'를 뜻한다. 다른 작품에 대한 존경의 의도로 다른 작품의 장면, 대사 등을 인용하여 표현하는 기법이다. 서로 상이하거나 이질적인 요소를 나란히 병행시켜, 시공간적으로 떨어져 있는 두 텍스트를 동시에 결합시키는 동시성의 기법이다. 이러한 형식은 습관적인 독서를 거부하고 예상외의, 새로운 표현과 효과를 낳는다.

는 뜻을 가진 '절(竊)'의 합성어이다. 그러니 동서양을 막론하고 표절이란 노예를 납치하듯 다른 사람이 소유한 것을 도용하는 부도덕하고 비윤리적인 행위임을 공시하고 있는 셈이다. 즉, 표절은 남의 작품의 일부를 몰래 가져다 쓰는 일종의 지적 사기intellectual fraud[8]에 해당한다. 이는 직접적이든 간접적이든 혹은 고의든 아니든, 원저자로부터의 사전 허락 없이 출처를 밝히지 않고 자신의 것인 양 쓰는 불법적인 베끼기인 것이다.

문제는 이 표절과 창작 사이의 경계가, 다시 말해 명백한 표절과 방법적 표절 사이의 경계가 모호하다는 것이다. 실제로 이들을 판단할 수 있는 객관적인 기준을 합의하는 것은 불가능한 일이기도 하다. 시대에 따라, 매체에 따라, 장르에 따라 표절의 기준이나 범주가 다르게 적용되어 왔기 때문이다. 표절은 문학이나 언어만이 아니라 음악, 회화, 아이디어 전반에 걸친 문제라서 각 분야마다 표절의 기준과 양상이 다르다. 게다가 새롭다고 통용되는 아이디어의 대부분도 실은 과거의 아이디어를 새롭게 변형시키거나 발전시킨 것인 경우가 허다하다. 창작이란 발명이 아닌 발견이라는 말은 여기서 비롯된다. 그러므로 베끼는 것이 모두 표절은 아니며, 도둑질이 아닌 표절도 있는 것이다.[9] 현실적으로 표절과 창작의 경계를 구별하고 선명한 표절의 개념을 도출해 내기 어려운 이유다.

표절에는 반드시 원텍스트(표절의 대상이 된 텍스트)와 표절 텍스트(표절한 텍스트)가 존재한다. 이를 각각 주主텍스트, 부副텍스트

영향·모방·인용·표절, 그 위태로운 경계들

라 명명하기도 하는데, 표절이 확정적이지 않을 때는 이 용어가 더 유효하다. 또한 원텍스트를 드러내고 알리는 경우를 '방법적/전략적 표절(모방인용)'이라 하고, 원텍스트가 알려지는 것을 두려워하고 기피하는 경우를 '표절'이라 한다.

방법적 표절은 원텍스트의 부분이나 전체를 활용하여 새로운 창작품을 만드는 것으로, 원텍스트와 표절 텍스트가 서로 긴밀하게 상호작용하면서 새로운 의미와 해석을 생성하게 된다. 이에 반해 표절은 창작의 자발적 동기나 주체적 발견 없이 타인의 성과물을 자기 것으로 삼으려는 일종의 속임수이자 사기이기 때문에, 원텍스트와 표절 텍스트의 상호작용이 밝혀지는 순간 무가치한 것이 되고 부도덕한 것으로 취급된다. 특히 표절 텍스트의 경우, 자세히 들여다 보면 작품 전체가 기계적으로 조합되어 있을 뿐만 아니라 유기적인 조화나 생명력을 결여하고 있기 마련이다.

이러한 표절은 인용, 인유, 모방, 합성, 짜깁기 따위의 의도적으로 은폐된 반복과 변형을 통해 이루어진다. 반복은 질료적 반복(시어나 구절을 그대로 가져 오는 것), 형식적 반복(문체나 통사적 특징이나 통사 구조를 반복하는 것), 복합적 반복(시어나 구절, 문체 및 통사 구조 등의 반복이 혼합된 것)으로 나누어 볼 수도 있다. 변형은 확장(원텍스트를 해설하거나 의역하는 것), 압축(원텍스트를 요약하거나 발췌하는 것), 치환(원텍스트의 일부를 바꿔치기하는 것)을 통해 이루어진다. 최근의 표절 텍스트는 복합적인 반복/변형을 거쳐 뒤섞여진 잡종의 혹은 혼성의 표절 텍스트들이 많다.[10] 보다 특화된 표절 방법으로는 바꿔쓰기(패러프레이징)paraphrasing, 모자이크 표절(패치라이팅)patchwriting, 자기표절self-plagiarism 등이 있다. '바꿔쓰기'는 하나의 표현을 동일한 뜻의 다른 표현으로 바꾸는 것으로, 원텍스트의 부분을 부연敷衍에 의해 다르게 해석하거나 설명하는 것이다. 원텍스트의 의미를 살려 자기 나름의 표현으로 다시 쓰는 일종의 간접 인용이다. '모자이크 표절'은 원텍스트의 일부를 조합하거나 단어를 추가, 삽입 또는 대체하여 짜깁기하는 표절 방법이다. '자기표절'은 저자가 자신이 이전에 쓴 글이나 자료를 새로 쓰는 글에 다시 활용하면서 그것이 이전에 발표나 출판, 혹은 사용된 적이 있다는 사실을 밝히지 않는 것이다.

이러한 표절 개념을 현대시 안으로 끌어들였을 때 문제는 훨씬 복잡해진다. 실제적인 의미의 표절을 정의하기가 쉽지 않기 때문이다. 섬세하면서도 추상적인 서정적 정서(감정)를 비유나 이미지 등으로 압축하고 간접화시킨 특화된 언어를 통해 표현하는 서정시는, 해당 집단의 공통 기억 속에 뿌리를 두고 창작된다는 데서 일차적 원인을 찾을 수 있다. 언어 현상 자체가, 시인을 포함한 언중言衆들이 사용하는 거대한 기억의 조합물이자 공동의 사회문화적 생산물이기 때문이다. 또한 모든 시들은 앞선 시들과의 계통적 관련 속에서 창작되는데, 앞선 시들이 뒤를 잇는 시들을 억압하고 방어하는 과정이 곧 시의 역사[11]라는 데서도 그 원인을 찾을 수 있다. 결국 언어는 공유될 수밖에 없다는 점, 시 창작 행위가 선행 작품에 대한 독서 없이 불가능하다는 점에서 모든 텍스트는 잠재적인

영향·모방·인용·표절, 그 위태로운 경계들

표절 텍스트이고 모든 시는 이미 쓰였다고도 할 수 있다. 시에서 표절의 역사는 시의 역사만큼이나 오랜 것이기도 하다.

무엇보다 시의 장르적 특성은 표절을 논하기 어렵게 만든다. 시는 일부를 표절하거나 부분을 변형시킬 경우 이를 표절로 인식하기 쉽지 않기 때문이다. 시에서 표절인가 아닌가라는 문제는 원 텍스트를 얼마만큼 모방·인용했는가라는 정량적 기준에 의해 결정되는 것이 아니다. 인문·사회과학 분야에서 사용하는 표절 기준, 예컨대 6단어 이상의 연쇄 표현이 일치한 경우, 생각의 단위가 되는 명제 또는 데이터가 동일하거나 본질적으로 유사한 경우[12] 등이 현대시에서 표절을 판단하는 기준이 될 수는 없다는 것이다. 특히 이미지나 비유, 리듬이나 아이러니(역설), 정서나 뉘앙스 등의 차이에 의해 전혀 다른 시가 될 수 있기 때문에 단순하게 주제나 의미의 유사성만으로는 표절의 결정적 기준이 되기 어렵다. 그렇기에 시의 형식이나 표현에 보다 초점을 맞출 수밖에 없는데, 조사·어미·단어·구절 하나만 바꾸어도 의미가 달라질 뿐 아니라 시인·시대·사조와 관련되어 문맥이 전혀 달라질 수 있어서, 이 역시 표절 여부를 판단하기 어렵다. 이 점이 다른 장르에 비해 시에서 복제나 조작 혹은 표절이 상대적으로 용이한 요인이 되기도 한다. 그러므로 시의 구성 요소들을 비롯해 시의 산출 과정, 시인의 특성, 시 경향의 변화, 그리고 시가 생산된 상황이나 배경 등이 고려된 종합적 기준에 의해 표절을 검증하는 절차가 이루어져야 한다.

어쨌든 이러한 어려움에도 불구하고 현대시에서 표절 여부를 판정하기 위해서는 다음과 같은 최소한의 기준이 필요하다.[13] 첫째, 원텍스트와 표절 텍스트 간의 분명한 동일성이 있어야 한다. 단순히 원텍스트로부터 영감 혹은 영향을 받는 것에 그치지 않고 내용, 주제, 수사 기법 전체 등에서 중대한 유사성이 발견되어야 한다. 둘째, 원텍스트를 모방인용한 사실이 은폐되어야 한다. 앞서 언급했지만 방법적 표절, 즉 공개적이고 전략적인 표절은 직접적인 방법으로나 암시적인 방법으로 원텍스트에서 끌어다 썼음을 전경화시킨다. 그러므로 표절은 엄밀한 형태로 그 은폐성이 검증되어야 한다. 셋째, 시간적 선후나 공간적 인접성에 의해 표절 텍스트의 작가가 원텍스트를 보았을 가능성, 즉 두 텍스트 간의 근접성을 유추할 수 있거나 설명할 수 있어야 한다. 넷째, 표절 텍스트 내의 부조화 또한 중요한 요소이다. 이 기준은 상당히 주관적이고 전문적이어서 선명도가 떨어지는 점이 있으나, 표절된 구절들은 덧대고 짜깁기한 느낌이나 의미상 서로 겉도는 느낌이 든다.

이상의 기준에 하나를 더한다면, 표절은 발견되고 증명되었을 때 표절이 된다는 점이다. 발견되지 않고 따라서 식별되지 않은 채 넘어간 많은 표절이 있을 것이나 우리가 표절이라 할 수 있는 것은 오직 확인된 표절뿐이다. 때문에 역설적이긴 하지만 표절의 본성상 들키지 않은 표절이 가장 성공한 표절인 것도 사실이다. 하나의 작품을 표절로 판정하기 위해서는 이상과 같은 기준들에 의해 복합적으로 검토되어야 한다. 그러나 대부분의 표절은 그 흔적을 쉽게 드러내지 않기 때문에 어려움이 따른다. 원텍스트가 잘 알려지

영향·모방·인용·표절, 그 위태로운 경계들

지 않은 경우나 절묘한 변형을 통해 원텍스트의 흔적을 많이 지워 버린 경우에는 특히 그러하다.

표절유희, 표절시비,
그리고 표절

앞에서 살펴본 현대시에 유효한 표절의 기준, 방법, 층위 등에 대한 검토를 바탕으로, 지금부터는 한국 현대시에 나타난 표절 양상을 다섯 가지로 범주화시켜 보고자 한다. '창조적 모방으로서의 표절', '표절유희', '표절시비와 예상표절', '표절에 근접한 유사성', '표절 판정' 등이 바로 그것이다. 여기에 표절이 발생하는 층위를 더한다면 개성적인 시어나 어구, 통사적 구문 및 행이나 연 등에서 이루어지는 형식적 차원의 '외재적 유사성'과, 이미지·수사법이나 문체·목소리 혹은 주제·발상·아이디어 등에서 이루어지는 내용적 차원의 '내재적 유사성'으로 나누어 볼 수 있다.

> 1) 아빠, 나도 진짜 총 갖고 싶어
>   아빠 허리에 걸려 있는,
>   이 골목에서
>   한 놈만 죽일테야

늘 술래만 되려 하는

도망도 잘 못 치는

아빠 없는 돌이를 죽일 테야

그 눔 흠씬 패기만 해도

다들 설설 기는데,

아빠.

〔黃東奎, 「아이들 놀이」, 『나는 바퀴를 보면 굴리고 싶어진다』, (서

울, 文學과知性社, 1978)〕

— 박남철, 「묵상; 예수와 술래」 전문

2) 西海

한강

나비 같은, 아니아니, 빛 같은

눈물을 생각하며

나는 나를

처칠 동상

칼 마르크스에게

"어느 쪽도 우리 자랑스런 길은 아직 아니다"

1984년의 편지

누구의 오아시스는 사막에만 있는 것인가

*이 작품은 장영수의 시집 『나비 같은, 아니아니, 빛 같은』의 8쪽에 있는 시제

(詩題) 차례인데, 명기된 쪽 숫자를 생략하고 한 낱말, 즉 3행의 '레바논'을 '눈

물'로 고치고, " " 부호를 삽입한 것 외에는 그대로 전재한 것이다. 이것은, 말

하자면, 이 시집에 숨은 시로서 가장 비(非)장영수적이다. 그럴 수밖에.

— 정남식,「표절 같은, 아니아니 인용 같은,
아니아니아니, 작품 같은」부분

　1)의 시는 창조적 모방으로서의 표절과 표절유희의 경계에 있고, 2)의 시는 대표적인 표절유희에 해당한다. 1)은 황동규의 「아이들 놀이」를 글자 하나도 바꾸지 않고 그대로 인용한 뒤 제목만 「묵상; 예수와 술래」로 바꾸고 있는데,[14] 시 본문 하단의 〔 〕에 원텍스트를 분명하게 밝히고 있다. 그리고 말없이 조용히 생각하거나 마음속으로 기도를 드린다는 뜻의 '묵상'을 제목으로 전경화시켰다. 이는 원텍스트에 대한 '비평(적 고찰)'이라는 의미로 해석될 수도 있고, 원텍스트에 대한 작가 특유의 비아냥거림, 즉 '원텍스트의 의미가 너무 고차원적이라 나는 묵상중이다. 그러나 묵상만 할 뿐 그 의미는 모르겠다'라는 냉소적 의미로 해석될 수도 있다. 그는 '술래'와 '예수'가 상관관계가 있다는 것을 암시하면서도, 그러한 관점만을 제시할 뿐 그 결과는 고스란히 독자의 영역으로 남겨두고 있다. "반복이란 항상 본질적으로 위반이고, 예외이고, 특수한 것이다"라고 했던 질 들뢰즈Gilles Deleuze의 문장에 의지해 보자면, 동일한 반복이야말로 가장 큰 위반이 될 수 있는 예시에 해당한다.

　2)도 선배 시인의 시집 목차를 그대로 베꼈다는 점에서 표절 같지만, 제목과 주註를 통해 원텍스트를 전경화시켜 적극적인 시적 전략으로 활용하고 있다는 점에서 표절유희에 해당한다. 풍자와

조롱은 없다 하더라도 원텍스트와 아이러닉한 거리를 유지하고 있기 때문에 방법적 모방인용이라 할 수 있다.

1) 적 일개 군단,
   남쪽 해안선에 상륙,
   전령이 떨어지자 갑자기 소란스러워지는
   戰線,
   참호에서, 지하 벙커에서
   ①녹색 군복의 병정들은 일제히 하늘을 향해
   총구를 곧추세운다.
   ②발사!
   ③소총, 기관총, 곡사포 각종 총신과 포신에
   붙는 불,
   ④지상의 나무들은 다투어 꽃들을 쏘아올린다.
   개나리, 진달래, 동백 ──
   ⑤그 현란한 꽃들의 전쟁.
   적기다!
   서울 영공에 돌연 내습하는 한 무리의
   벌 떼.
   요격하는 미사일,
   그 하얀 연기 속에서
   구름처럼 피어오르는 벗꽃,
   ⑥봄은 전쟁인가,

영향·모방·인용·표절, 그 위태로운 경계들

서울을 불바다로 만든

이 봄의 핵투하.

— 오세영, 「서울은 불바다·2」 전문[15]

1)′ 조용한 오후다 무슨 큰 일이 닥칠 것 같다 ①′나무의 가지들 세
    상 곳곳을 향해 총구를 겨누고 있다 숨쉬지 말라 그대 언 영혼
    을 향해 언제 ②′방아쇠가 당겨질지 알 수 없다 마침내 곳곳에
    서 ③′탕, 탕, 탕, 탕 ④′세상을 향해 쏘아대는 ⑤′저 꽃들 피할 새
    도 없이
    하늘과 땅에 저 꽃들 전쟁은 시작되었다 ⑥′전쟁이다

— 이대흠, 「봄은」 전문[16]

　　밑줄과 숫자원문자를 활용해 ①, ①′와 같은 대응형식으로 두 시
의 유사성을 시각적으로 강조해 표시하였다. 위의 두 시는 표절시비
가 일었던 작품들이다. 1997년에 문학상 수상작을 놓고 선배 시인
이 후배 시인에게 표절 의혹을 제기한 일이 있었다. 오세영 시인이
'제3회 현대시 동인상'[17] 수상작인 이대흠 시인의 「봄은」이 자신의
시 「서울은 불바다·2」를 표절했다고 문제 제기하면서 시비가 시작
되었다. 1)이 서울을 전쟁터에 비유해 총신과 꽃들의 이름을 나열하
고 벌떼까지 등장시켜 구체적인 꽃들의 개화를 화려하면서 역동적
으로 형상화하고 있다면, 1)′는 일반화된 꽃들의 개화를 조용하면서
도 강렬한 총소리로 형상화하고 있다. 1)은 시각적 효과, 1)′는 청각
적 효과를 강조하고 있다. 두 시 모두 봄, 나무, 꽃, 하늘, 전쟁, 총구

등과 같은 구체적인 시어가 반복되기도 하지만 무엇보다 봄을 전쟁에, 개화를 총신의 발사에 비유하는 시적 발상이 일치한다.

그러나 표절을 시적 발상의 차원에서 논의할 때는 많은 주의가 필요하다. 발상은 공유 가능한 비가시적인 상태로 확산되는 특징이 있기에 그 소유권을 증명하기 어려운 부분이 있다. 게다가 봄이 되어 땅에서 꽃이 솟아오르는 것을 총의 발사에 비유하는 것은 이전 시들에서도 찾아볼 수 있다는 점에서, 보편적 발상에 의한 우연의 일치일 가능성 또한 존재한다.[18] 표절 의혹을 받고 있는 시인이 원텍스트를 본 적조차 없다고 주장하는 상황에서는 원텍스트와의 근접성을 증명하기도 쉽지 않기 때문이다. 이러한 난감한 문제들을 피에르 바야르Pierre Bayard는 '예상표절le plagiat par anticipation *'이라는 개념으로 유쾌하게 치고 나간다. 그는 근접성이 희박한 두 텍스트 사이에서 확인되는 유사성은 우연이나 고전적인 형태의 표절로는 설명될 수 없음에 주목하여, 과거의 작가가 미래의 작가를 표절할 수 있다는 유쾌한 가능성을 읽어 낸다. 즉, 일반적인 표절과 반대 방향으로 진행되는 표절인 셈이다.

시간의 불가역성이 뒤집히지 않는 한 현실적으로 불가능한 이 예상표절을 통해 바야르가 주장하고자 했던 것은 무엇일까? 첫째

....

* **예상표절** 피에르 바야르에 따르면 한 텍스트가 후대 텍스트에 미치는 고전적 의미의 영향과 달리 한 텍스트가 이전 텍스트에 미치는 영향에 초점을 맞춰, 이전 작가들이 후대 작가의 작품들에서 영감을 받고 밝히지 않는 행위를 예상표절이라 한다. 상호적인 영향일 경우 쌍방표절이라고도 한다. 피에르 바야르, 백선희 역, 『예상 표절』, 여름언덕, 2010 참조.

는 설명할 수 없는 텍스트들 사이의 닮음을 설명하기 위한 묘책이고, 둘째는 표절이라는 말에 대한 부정적 내포와 거부감을 피해가려는 묘책이기도 하며, 셋째는 표절을 둘러싼 비윤리적 행위와 소모적인 논쟁을 벗어나기 위한 묘책이기도 했을 것이다.

위에서 인용한 두 시의 경우에도 '표절이다'와 '원텍스트를 본 적도 없다'라는 엇갈리는 두 주장을 액면 그대로 인정하고 두 텍스트 간의 관계를 예상표절이나 쌍방표절로 해석하는 것도 또 하나의 묘책일 것이다. 바야르의 관점에서 보자면, 오세영이 아직 도래하지 않은 이대흠의 시적 발상을 예상표절한 셈이 된다. 유쾌한 시적 반전이다.

　1)　①낯익은 집들이 서 있던 자리에

　　　　새로운 길이 뚫리고, 누군가 가꾸어 둔

　　　　열무밭의 어린 풋것들만

　　　　까치발을 들고 봄볕을 쬐고 있다

　　　　지붕은 ②두터운 먼지를 눌러 쓰고

　　　　지붕아래 사는 사람들은

　　　　이제 서로의 안부조차 묻지 않았다

　　　　③떠난 자들이 다시는 돌아오지 않는

　　　　이유를 알고 있는

　　　　오래된 우물만 스스로 제 수위를 줄여 나갔다

　　　　④붉은 페인트로 철거 날짜가 적힌

금간 담벼락으로 메마른 슬픔이 타고 오르면

기억의 일부가 빠져 나가버린 이 골목에는

먼지 앉은 저녁 햇살이 낮게 지나간다

넓혀진 길의 폭만큼

⑤삶의 자리를 양보해 주었지만

⑥포크레인은 무르익기 시작한 봄을

몇 시간만에 잘게 부수어 버렸다

— 이영옥,「마지막 봄날에 대한 변명」부분

1)′　①′마을버스 종점 낯익은 집들이 서 있던 자리에

새로운 길이 뚫리고

누군가 가꾸어 둔

열무밭의 어린 푸성귀들만

까치발을 들고서 마른 가을볕을 쬐고 있다.

달동네 허름한 집들이 헐리고

⑥′포크레인의 삽날이 두더쥐처럼 땅을 파기 시작하면서

신도시가 들어서면서 비로소 마을버스가 다니기 시작했다.

아침마다 검은 연기를 내뿜으며 사람을 실어나르느라 바쁜

낡은 의자에 앉아 있으면

울렁거리는 삶들이 지난 밤의 기억들을 토해내고

②′두터운 먼지를 눌러쓴 버스지붕

그 지붕 아래, 말없이 앉아 있는 사람들은

이제 서로의 안부조차 묻지 않았다

　영향·모방·인용·표절, 그 위태로운 경계들

③′떠난 자들은 지하 땅 속으로 내려가서 순환선 지하철 속에서

다시 새 싹을 키우며 떠났던 곳으로 <u>다시 되돌아오고 있다</u>

마치 연어처럼

물줄기를 거슬러 올라가는 빛바랜 꿈의 여행객들

그 이유를 알고 있는 오래된 버스만이 젖은 기침을 토해낸다

(…중략…)

④′<u>붉은 페인트로 철거 날짜가 적힌</u>

<u>담벼락으로 메마른 슬픔이 타고 오르면</u>

<u>기억의 일부가 빠져 나가버린 이 골목에서는</u>

<u>먼지 앉은 저녁햇살이</u> 버스 소리에 놀라

황급히 일어서고

내 ⑤′<u>삶의 한 모퉁이를 양보해 주었지만</u>

그 사람은 나에게 고맙다는 인사조차 하지 않는다

— 이○○, 「버스 종점」 부분

1)은 신춘문예 당선작이고, 1)′는 고등학교 2학년 학생이 쓴 백일장 수상작이다. 1)을 1)′가 표절한 것이며 그 표절한 부분을 밑줄과 숫자원문자(①에 대응하는 ①′)로 표시하였다. 표시한 부분 만을 봐도 한눈에 알 수 있듯이 표절 텍스트 ①′ ②′ ④′에서는 뚜렷한 인쇄상의 단위로 끌어다 쓴 '덩어리 표절block plagiarism'을, ①′ ③′ ⑤′ ⑦′에서는 끌어들인 구절들을 자신의 작품 속에서 부연하고 바꾸어서 감추는 '끼워넣기 표절imbedded plagiarism'을, ⑥′ ⑧′에서

는 배경·인물·줄거리나 아이디어들을 산발적으로 훔친 '흩어진 표절diffuse plagiarism'을 활용하고 있다.[19] 또 몇 개의 단어를 삭제하거나 늘이고, 문법구조를 바꾸고, 다른 동의어로 바꿔 쓰는 바꿔쓰기를 근간으로 하는 '모자이크 표절'이 활용되고 있다. 이 정도의 표절이라면 밑줄을 치지 않은 다른 부분들도 표절한 구절일 가능성 또한 배제할 수 없다.

표절을 대하는
우리의 자세

우리는 자본주의의 소유 개념에 입각한 독창성이 시장에서의 상품 가치를 뒷받침해 주는 시대에 살고 있다. 반면, 사회문화 구조는 대중성과 유행성과 상품성을 앞세워 기계화, 대량화, 복제화, 증식화를 부추기는 창작의 기능화로 인해 표절을 부추기고 표절을 양산하는 메커니즘으로 변화되고 있다. 이런 갈등 구조는 대다수의 독자와 네티즌, 나아가 창작물에 대해 책임 있게 논의해야 할 비평가와 연구자들로 하여금 표절에 대한 엄밀한 이해와 정밀한 고찰을 요구한다.

　나아가 표절로 인한 시비는 작가의 재능이나 윤리·도덕의 차원을 넘어서 사회의 법적 판단과 제재 조치를 요청하는 중대한 문제가 되었다. 그렇기 때문에 구체적인 이론과 근거를 지니지 못한 채 단편적 인상으로 표절 여부를 판단하거나, 작품의 유사성·은폐성·근접성·부조화·식별과 같은 요건에 따른 검토 없이 흠집내기 식으로 표절 의혹을 제기하는 것은 치명적이다. 특히 표절시비가 주로 인터넷을 통해 유포되다 보니, 표절이 아니라는 법적 판결 혹은 대다수의 잠정적 동의가 이루어지더라도 표절 의혹은 여전히 블로그와 게시판 등을 통해 떠돌아다니며 작가들에게 지워지지 않는 오점을 남긴다. 따라서 표절 의혹을 제기하거나 판정할 때에는 신중을 기해야 한다. 물론 반대로 이해관계, 인정, 권위 등에 억눌려 표절로서의 요건을 갖추고 있음에도 표절을 묵인하거나 부정하는 것 또한 범죄적이다. 표절을 대하는 올바른 자세와 태도 정립이 필요한 이유다.

쉽게 일반화할 수는 없으나 대체로 창작자들은 표절에 관대하고 연구자, 비평가, 독자들은 표절에 혹독하다. 창작자 중에서도 표절을 한(혹은 했다고 오해받는) 작가들은 표절의 잣대가 관대하고, 표절을 당한(혹은 당했다고 생각하는) 작가들은 표절의 잣대가 엄격하다. 고전주의적 패러다임과 고대·중세의 경제 구조에서 표절은 공개적이고 합법적인 창작과 수용의 문화적 향유 방식이 되기도 한다. 그러나 낭만주의적 패러다임과 자본주의 경제구조에서 표절은 무능하고 파렴치한 도둑질의 방식이다. 소통과 전달을 목표로 하는 리얼리즘에서 표절은 방법적 전술로 활용되지만, 새로움과 표현을 목표로 하는 모더니즘에서 표절은 절필과 척결의 표상이다. 이 또한 표절에 관한 의혹 제기나 판정에 있어 고려해야 할 부분들이다. 표절에 관해서 지금-여기의 우리는 이 모든 것들이 혼재하고 난립해 있는 경계의 지점에 와 있다. 사회문화 전반에 걸쳐 표절의 위험성과 적확한 기준, 구체적인 사례 등에 대한 세심한 교육이 절실한 시점이며, 창작자 스스로 표절 의식을 자각하고 표절 감수성을 향상시켜야 할 시점이다.

문학과 법의
정당한 싸움을 위하여

정명교

필명, 정과리. 1979년 서울대학교 인문대학 불어불문학과를 졸업하고, 1993년 동 대학원에서 박사 학위를 받았다. 1979년 『동아일보』 신춘문예로 평론 활동을 시작했다. 1982년부터 1987년까지 부정기문학지 『우리 시대의 문학』 편집동인이었으며, 1988년부터 2004년까지 계간 『문학과 사회』 편집동인으로 활동하였다. 동인문학상 종신 심사위원으로 일하고 있다. 『문학, 존재의 변증법』(문학과지성사, 1985)에서부터 『뫼비우스 분면을 떠도는 한국문학을 위한 안내서』(문학과지성사, 2016)까지 스무 권 정도의 단독 저서가 있다.

　　이 글에서 나는 법을 한껏 깔보는 표정을 취하고 있으나, 사실 법 앞에서 나는 겸연쩍은 심사로 마음이 헝클어진다. 아버지의 소망을 저버렸다는 자책감이 내부의 담즙 분출공으로부터 뿜어져 나와 온몸을 스멀거리며 돌아다니기 때문이다. 그러면서 나는 아버지의 불우했던 생애와 당시 한국인의 의식 수준과 나의 선택의 폭을 되물어보게 된다. 내가 불문과로 가겠다고 선언했을 때 아무 말도 하시지 않던 아버지의 마음속에는 무엇이 스치고 지나갔을까? 지금 나는 나의 선택에 긍지를 품고 있지만 환경이 달랐다면 정말 문학을 고집했을까? 나는 문학에 미쳐 있었지만 절대문감의 소유자인지는 알쏭달쏭하고, 단어보다는 공구를 더 잘 만진다. 아버지에게 선택의 여지가 없었다면 내게는 그나마 있었던 게 양자택일의 사안이었다.

법과의 불화

1975년 1월, 대학 입시 원서를 쓰면서 나는 부모님과 실랑이를 벌여야 했다. 나는 고등학교 시절 문학에 심취해서 국어국문학과를 가겠다고 결심하고 있었다. 하지만 당시의 모든 부모님들은 당신들의 아들딸이 안정된 길을 택해 주기를 바랐고, 그 요망은 문과학생에게는 '법대'를 가라는 요구로 현상되었다. 나는 인생을 진지하게 고려할 만한 성숙에 도달해 있지 못한 상태였다. 그래서 나의 꿈과 부모의 열망 사이의 불일치를 심각하게 고민하기보다는 자식-부모 사이에 벌어지는 '밀당'의 감각적 쾌락을 더 즐기는 편이었다. 나는 공공연하게 떠들고 다녔던 국문과의 길을 포기하고 아버지의 강한 요구에 떠밀리는 척 법 쪽으로 진로를 바꾸었다.

당시의 교육 정책은 교양 교육을 강화시키겠다는 방침 때문이

문학과 법의 정당한 싸움을 위하여

었는지, 과 단위 선발을 계열 단위 선발로 바꾸었었다. 나는 법대가 속해 있는 사회계열에 응시 원서를 냈다. 시험은 서울대학교 상과대학 옆의 사대부고[1]에서 치렀는데, 바깥에 엄청난 숫자의 무리가 '경기고등학교'의 '경기'를 외치며 입시장을 빙빙 돌던 게 지금도 기억에 남는다. 나는 시험을 망쳤다고 생각했으나 합격을 했다. 그러면서 처음으로 고향을 떠나 외지에서 살게 되었다. 고등학교 졸업식을 치르고 내가 다니게 될 학교가 궁금해서 서울 나들이를 했다. 그러나 새로 지은 관악 캠퍼스는 황량하기 이를 데 없었다. 흉한 콘크리트 건물들 옆으로 갓 옮겨 심은 나무들이 앙상한 옷차림으로 오들오들 떨고 있었다.

나는 대학이라는 데에 품었던 나의 환상이 천천히 허물어지는 걸 느꼈다. 비탈 저 위에서 한 커플이 내려오면서 지금은 곡조도 기억이 나지 않는 아리아를 뽑아내던 황홀한 광경이 가까스로 나를 지탱해 주고 있었다. 그리고 입학식을 치르고 반을 배정받고 학우들과 인사를 나누었다. 대부분은 갓 입학한 신입생의 어리버리한 표정 속에 그 속내가 감추어져 있었으나 몇몇은 입만 떼면 고시와 판례를 들먹거렸다. 나는 본능적으로 위화감을 느꼈다. 아니, 그런 환경에 전혀 준비가 되어 있지 않았다고 해야 할 것이다. 그렇다고 특별히 즐기는 게 있는 것도 아니었다. 계열 안에서 반 대결의 형식으로, 그리고 기숙사에서 동 대결로 있었던 축구와 야구 등의 운동 경기를 제외하면 친구를 사귈 일이 없었다. 나는 자연스레 도서관의 2층 개가식 열람실에서 고등학교 때부터 동경했던 사상가들과 학자들의 책들을 잡독하는 '외로된 사업'에 매달렸다.

그러던 중 결정적인 계기들이 세 번에 걸쳐 나를 급습하였다. 하나는 도서관에서 김현이라는 이름의 문학 평론가를 발견한 사건이었다. 그이가 쓰신 『상상력과 인간』, 『사회와 윤리』를 읽으면서 나는 내가 가졌던 문학에 대한 고정관념을 대폭 수정하는 과정을 겪는 한편, 문학에 대한 열

김현(1942~1990)
본명은 김광남이며, 김현은 필명이다. 불문학자이자 문학평론가이고, 서울대학교 불어불문학과 교수를 지냈다. 1970년 김병익 등과 계간지 『문학과 지성』을 창간하였으며, 『존재와 언어』 등 8권의 평론집을 출간해 문학평론 분야를 선도하였다.

정을 되지피게 되었다. 매혹적인 문체로 고등학교 때 나를 사로잡았던 모 평론가의 글에서 앞뒤가 일치하지 않는 모순을 발견한 직후였다. 그와 달리 김현 선생의 글은 정교하고 경쾌해서, 화려하지 않고 명징한 문체의 매력을 내게 안겨 주었고, 무엇보다 문학을 왜 하는가에 대한 대답을 내게 주었다. 나는 김현 선생의 수업을 듣고 싶었다. 다른 하나의 계기는 '헌법학'이라는 강의를 들었을 때였다. 당시 최고의 헌법학자라고 일컬어지던 분의 수업이었는데 나는 아무런 감흥도 느끼지 못했다. 교실을 나가면서 "이렇게 재미없는 게 법이라면 이것을 직업으로 두고 사는 인생은 얼마나 불행하겠는가"라고 중얼거렸다. 지금 생각하면 그분의 수업이 재미없다고 느낀 것은 사실 내 의식이 충분히 성숙하지 못해 이해력이 부족했던 탓이었던 것 같다. 나는 어머니의 사정으로 학교를 일찍 들어가 동급생들보다

두 살이 모자랐고, 청소년 시기에 그런 연령차는 만만한 것이 아니었다. 내가 대학 입시에서 130점 만점이었던 '사회' 과목에서 40여점을 겨우 맞으며 망쳤던 것도 외우는 걸 극도로 싫어한 성미 탓이라기보다 사회와 공동체적 관계에 대한 이해가 없는 '유아론唯我論적사고'에 머물러 있었기 때문이 아닌가 한다.

어찌 됐든 나는 법이 싫었다. 그런 회의 속에서 대학 생활이 조금 익어갈 무렵 나는 상시적으로 벌어졌던 데모에 가담하게 된다. '한국사회연구회'(약칭 한사연) 등 당시 의식화를 주도한 '서클'(당시에는 그렇게 불렀다. '동아리'라는 명칭은 1980년대에 생긴 것이다)에 가입하진 않았지만(대신 '독일문화원'에서 매주 독서 토론을 하던 '에오스'라는 서클에 들어갔다), 데모에는 거의 빠짐없이 참여하였다. 나는 의식화 서클에서 준비한 회식 자리에서 '민청학련 사건'으로 감옥에 갔다 나온 까까머리 선배들과도 인사하였다. 그런 일들을 통해 나는 한국이 민주주의 사회가 아니라 독재 국가라는 걸 서서히 체감해 가고 있었다. 그러다가 5월에 긴급조치 9호*가 발령되면서 학교가 무기한 휴교에 들어가게 되었다. 나는 입주 아르바이트를 하고 있던 동부이촌동 B아파트 옆 한강변을 질주하며 제4공화국*에

....

* **긴급조치 9호** 긴급조치는 유신 헌법 53조에 규정되어 있던 대통령의 권한이다. 대통령은 긴급조치를 발동함으로써 법률에 의하지 않고도 국민의 기본권을 정지할 수 있었다. 1975년 5월 발표된 긴급조치 9호는 유신 헌법을 부정하거나 비방하는 활동에 대해 영장 없이 체포, 구속, 수색할 수 있도록 하는 내용이었다.

* **제4공화국** 1972년 10월 17일부터 1981년 3월 2일까지 존속했던 헌법 체제이며, 유신 체제라고도 한다. 대통령에게 절대적인 권력을 부여하여 독재를 정당화했다. 대통령의 영향하

저주를 내뱉었다. 그런 반국가적 감정은 법에 대한 혐오를 심화시켰다. 1970년대의 대학생들에게 법 공부를 한다는 것은 사법고시를 준비한다는 뜻이었고, 사법시험에 합격한다는 것은 체제의 기능적 지식인으로 편입해 들어간다는 것을 의미했다(김병익 선생은 『지성과 반지성』에서 아예 지식인을 그런 기능인으로 규정하고 그 반대항으로 '지성인'을 세웠다). 같은 대학에 들어온 사람 중에 누군가는 독재에 항의하다가 할복을 하고(김상진 열사*), 감옥에 가는 시절이었다. 나는 데모 주동자가 끌려가는 광경을 목격하고 큰 충격을 받았으며 결코 그런 일에 앞장설 엄두를 못 내는 터였다. 그렇다고 해서 그런 참극이 날마다 벌어지는 상황에서 도서관에 꼼짝 않고 틀어박혀 고시 공부를 한다는 건 더욱 할 일이 아니었다.

2학년 2학기 들어 과에 진입할 때 나는 주저 없이 김현 선생이 계신 불어불문학과에 원서를 냈다. 나와 고등학교 동기이면서 이미 고등학생 시절에 백일장에서 시로 장원을 해 문학인으로서의 유망한 전도를 개척했던 백승룡과 함께였다(백승룡은 불문과에 진입하자마자 『대학신문』에 「돌·바람 이야기」라는 시를 발표하여 김현 선생을 놀라게 했는데, 안타깝게도 이듬해 3월에 연탄가스 중독으로 사

....
에 있는 통일주체국민회의의 간선으로 대통령을 선출하였기 때문에 이 체제에서 박정희 대통령은 사실상 종신대통령이었다.

• **김상진 열사** 1975년 4월 11일 서울대학교 농과대학 재학생 김상진은 유신체제와 긴급조치에 항거하는 선언문을 낭독한 후 과도를 꺼내 할복했다. 병원으로 옮겨져 수술을 받았으나 다음날 숨을 거두었으며, 이때가 향년 25세였다. 이 사건을 계기로 민주화운동이 더욱 거세게 일어나자 박정희 정권은 유신헌법 반대를 금지하는 긴급조치 9호를 발표했다.

문학과 법의 정당한 싸움을 위하여

망하였다). 당시 사회계열에서 인문계열로 옮겨 간 사람으로는 우리 둘 외에 지금 서울대 중문과 교수로 있는 전형준(그는 1980년대에 성민엽이라는 필명의 문학평론가로 한 시절을 풍미했다)과 독문과로 간 이름을 잊은 한 학생이 있었다. 그 빈자리에 다른 계열에서 같은 수의 학생들이 옮겨 갔다. 그중 한 사람은 훗날 국회의원이 되었고 얼마 전까지도 모 당의 대표를 지냈다. 다른 한 사람은 1학년 때 수업에서 미국적인 학업 방식에 익숙한 듯 교수에게 직접 상담을 자주 해서 눈길을 끌던 학생이었는데, 그는 나중에 모교의 교수가 되었다. 과연 그쪽은 야심이 많은 사람들에게 할당된 곳이었지, 나 같은 자유분방주의자가 있을 곳이 아니었다.

두 개의 가치

이 고단한(?) 선택의 과정은 나의 내부에 삶의 가치에 대한 근본적으로 상이한 두 입장이 충돌하고 있었다는 것을 보여 준다. 두 입장 중 하나는 부모님 혹은 세상의 여론이 확정한 가치였다. '수신제가치국평천하'라든가 '출세'라는 한국인의 관습화된 언어가 가리키듯이 이는 개인적 수양을 정치적 성공에까지 연결시키는 입장을 말한다. 성리학이 한반도 사람들의 지배적인 철학으로 자리 잡은 이래, 이 입장은 거의 일방적인 가치로 받아들여져 왔다. 이러한 한반도 특유의 출세학은 모든 행위를 체제 내적인 척도 안으로 흡수한다. 다시 말해 무엇을 하든 현존하는 공동체의 의미를 발양하는 방향으로 기능한다는 것이다. 그런 방향에서 모든 개인의 행동은 공동체 내의 가장 높은 단계에 도달하는 상징적 행위를 기준으로 평가된다. 그리고 그 가장 높은 단계는 '율사', '의사', '국회의원', '대통령' 등이다. 이런 사람들은 일반인들의 삶을 관리하고 경영하는 존재들, 심지어 생사여탈권까지 쥐는 '파워 엘리트'이기 때문이다.

한국인의 정신적 습속은 이러한 가치 체계를 특별히 보존하는 데 유별난 행태를 보여 왔다. 물론 이러한 '출세주의'는 한국에서만 성행하는 게 아니고 사실상 전 세계의 일반적 가치 체계로서 군림하고 있다고 해야 할 것이다. 소위 '미드'에서 왜 변호사와 예비 의사들이 압도적인 인물 비중을 차지하는가? 그 나라 역시 현존하는 공동체의 의의를 최상위에 놓는 태도가 일반화되어 있기 때문이다. 17세기의 극작가 몰리에르Molière•와 그의 아버지의 일화가 보여 주듯이 우리는 자식이 법률가와 의료인이 되기를 꿈꾸는 부모의 일화들을 범지구적으로 구할 수 있다.

그런데 문학은 언제나 체제 바깥에서 가치를 구했다. 정치 체제뿐만 아니라 사회·언어·문화의 모든 곳에서 경계를 무너뜨리고 일탈을 꿈꾸는 것을 체질로 삼아 왔다. 일찍이 헤르베르트 마르

• **몰리에르** 본명은 장-밥티스트 포클랭(Jean-Baptiste Poquelin)으로, 17세기 프랑스의 대표적인 극작가이다. 법률을 배워 출세하라는 부친의 강요로 대학에서 법학을 공부했으나, 결국 연극계에 투신해 극작가가 되었다.

문학과 법의 정당한 싸움을 위하여

쿠제Herbert Marcuse *는 문학·예술의 이런 경향을 프로이트의 '쾌락원
리'에 붙이고 '현실원칙으로부터의 해방'이라는 기능을 부여한 바
있다. 즉,

> 인간과 자연이 자유가 없는 사회에 의해 구성되면 될수록 그들
> 의 억압되고 왜곡된 잠재적 역능은 낯선 이탈된 형식을 통해서
> 만 표상될 수 있다. 예술의 세계는 완전히 다른 현실원칙의 세
> 계, 즉 타자성(altérité)의 세계이다. 이 타자성을 통해서만 예술
> 은 인지적 기능을 충족한다. 즉 그것은 어떤 언어로도 전달될 수
> 없는 진실들을 전달한다.
>
> (…중략…)
>
> 미는 에로스의 영역에 속해 있는 만큼, 쾌락원리를 대표한다. 그
> 걸 통해서 미는 지배의 원리로서의 현실원리에 맞선다. 예술작
> 품은 해방의 언어로 말하며, 죽음과 파괴를 생의 욕망에 종속시
> 키는 해방적 이미지들을 환기한다. 그것이 미적 긍정의 해방적
> 요소이다.[2]

이런 단언이 아니더라도 우리는 현실을 위반하는 '불온한' 문

• **헤르베르트 마르쿠제** 독일에서 태어난 유태인으로, 제2차 세계대전 중 미국으로 망명하였
  다. 프랑크푸르트 학파를 대표하는 철학자이자 사회학자이며, 고도산업사회를 비판하고 인
  간의 완전한 해방을 주장하였다.

화물로서의 문학에 대한 정의를 수도 없이 만난다. 정명환 교수는 청소년들에게 문학을 권장하기 위해 쓴 책『젊은이를 위한 문학 에세이』에서 어린 사람들을 향해 쓰는 글이기 때문에 가능한 한 과격한 표현을 삼가면서도 문학이 현세의 상식과 고정관념에 대한 '이의제기'라는 점을 명확히 하였다.

> 상식에 어긋나는 더 깊고 참된 것의 인식을 위해서, 그리고 일상적인 것을 넘어서는 희한한 세계와의 접촉을 위해서 독자가 지성과 감성을 동원하기를 호소하는 그 문학을, 우리는 보통 교훈문학이라고는 부르지 않습니다. 구태여 무슨 칭호를 달자면 역(逆)교훈의 문학, 혹은 이의제기의 문학이라고 말해도 좋을지 모르겠군요. 아무튼 동서고금을 통해서 귀중한 문학이란 바로 이렇게 우리를 관습적 생각과 편견에서 해방시켜 주려는 문학입니다.[3]

그러니까 문학과 법의 지향은 근본적으로 상호적대적이다. 법이 현존하는 가치들을 가다듬으며 보호하는 데 비해, 문학은 세속의 가치들을 부정한다. 법이 현실의 편이라면 문학은 다른 세상의 편이다. 현실의 눈으로 보면 이런 문학이 존재한다는 것 자체가 신기한 일일 것이다. 소설책을 읽거나 글을 쓰고 있으면 부모님은 왜 그런 뜬구름 잡는 걸 하느냐고 혀를 차셨다. 가족은 안타깝게 바라보는 데 그치지만 현실은 자신을 부정한 자에게 가차 없이 보복을 가한다. 문학적 행동의 경제적 효과는 빈곤이다. 다시 말해 현실의 모든 규정을 거부하고 현실의 울타리를 깨뜨리려고 한 탓으로 현

문학과 법의 정당한 싸움을 위하여

실로부터 물질적 보상을 박탈당하는 것이다. 그러나 그런 박탈을 감수하면서도 문학을 꼭 해야만 하겠다는 결심은 좀처럼 물러지지 않는다.

왜냐하면 그 결심은 곧바로 그 박탈 자체를 당당한 전리품으로 받아들이게 하기 때문이다. 김현 선생은 문학의 이런 처지를 "써먹을 수 없음"이라는 의미 항목으로 규정하였다. 칸트의『판단력 비판』에서 제시된 '이해관계에 대한 무관심'이라는 근대 미학의 기본 속성에 대한 정의에 호응하는 이 규정은 한 걸음 더 나아가 그 가치를 분명히 제시한다. '써먹을 수 없으니 비참하다'가 아니고 써먹을 수 없기 때문에 무언가를 하고 있다는 것이다.

> 문학은 배고픈 거지를 구하지 못한다. 그러나 문학은 그 배고픈 거지가 있다는 것을 추문으로 만들고, 그래서 인간을 억누르는 억압의 정체를 뚜렷하게 보여 준다. 그것은 인간의 자기 기만을 날카롭게 고발한다.[4]

어떻게 그런 일이 가능한가? 써먹을 수 없기 때문이다. "써먹을 수 없다는 문학의 특징으로 말미암아 문학은 인간을 억압하지 않는데, 바로 그것이 인간을 억압하는 모든 힘에 대한 감시체의 역할을 문학으로 하여금 맡게"[5] 하는 것이며, 더 나아가 그 모든 힘들에 대한 감시를 통해 인간에 대한 "총체적 파악"을 가능케 한다는 것이다.

대학생 시절의 나는 독서와 궁리의 깊은 터널을 지나 돌아올 수 없는 '사회계열'의 강을 건넜다. 그리고 김현 선생이 재직하던 불어불문학과의 해안에 닻을 내리고 문학이라는 해방의 화원 안으로 성큼 발을 내디뎠던 것이다.

'법의 배반'에 대한 문학하는 자의 자기기만

그렇게 문학의 풀장에서 혼자 물장구를 치고 노는 사이에도 한국 정치의 독재적 상황은 더욱 가중되었다. 앞에서, 정부가 1975년 5월 13일 긴급조치 9호를 발동하여 주요 대학을 폐쇄한 데 대해 분노의 비명을 지르며 질주하였다고 썼는데, 그 비명에는 법에 대한 비난도 얼마간 포함되어 있었다. 왜냐하면 정부의 독재적 조치는 언제나 '법'의 이름을 달고 강행되었기 때문이다. 가뜩이나 법과 불화인 상태에서 학교로 가는 길을 막아 버린 긴급조치 법은 '법의 배반'에 가까웠다. 나는 법을 배반자로 확정 지으면서 문학의 길을 선택한 걸 자랑스러워하고 있었다.

그러나 실제로 법의 배반은 엉뚱한 곳에서 터졌다. 나를 처음으로 데모로 끌고 갔던 선배가 있었다. 그는 법대 내의 학생 언론지 『피데스FIDES』[6]의 편집장을 지냈다. 잘 알다시피 한국의 동창 구조에서 1, 2년 차의 선후배 관계는 어떤 다른 관계보다 걸쭉하다.

나는 그를 많이 따랐다. 그런데 그이가 일체의 활동을 접고 '고시 공부'에 돌입한 것이었다. 그는 후에 무난히 사법고시에 합격했고 상급의 지위에 올랐으며, 많은 후배 법조인들의 존경을 받은 것으로 알고 있다.

그러나 그건 나중 일이고 나에게 그 선배의 변신은 엄청난 충격이었다. 모든 것을 흑백으로 재던 젊은 시절이었다. 모 아니면 도였다. 당시 반독재 민주화 투쟁은 전공을 막론하고 생각 있는 모든 학생들이 동참한 행동이었다. 그런 행동에 전혀 참여하지 않았던 학생들도 물론 있었는데, 그들은 주로 도서관에 틀어박혀 무슨 준비를 하는 데 열심이었다. 그런 '준비꾼' 학생의 대열에 선배가 가담한 것이었다. 나는 어느 동창 모임에서 선배에게 주정을 하는 것으로 화풀이를 했다.

하지만 이런 순진한 열정은 정당한 일이었을까? 하긴 이런 열정을 순진성으로 덮게 해줄 만한 일들이 늘 있었다. 때마다 데모가 벌어졌고 데모를 주동한 선배와 학우들은 학내에 상주하는 정보부 요원들에 의해 무참한 꼴로 끌려가곤 했다. 격렬한 시위 도중이 아니더라도 하숙집에서 혹은 술집에서 불현듯 체포되어 사라진 친구들도 있었다. 그런 희생자의 입장에서 보면 정당하지 못한 체제의 일원으로 귀속되기 위한 행위는 곧바로 '배반'으로 규정될 수 있는 행태였다. 그러나 나는 그런 희생자를 자임하지 못했다. 나는 체제의 부당성을 직접 항의하는 데 앞장서지 않았다. 나는 문학을 한다는 명분으로 모든 현존하는 것들을 부정하는 포즈를 취하고는 있

172

었으나 그건 어디까지나 '언어의 감옥' 안에 자발적으로 유폐되는 조건으로 허용된 자유에 힘입고 있었다. 그렇다면 나는 자신이 직접적으로 체제 귀속 행위에 가담하지 않았다는 근거만으로 거기에 가담한 사람들을 비난할 자격이 있었을까?

'체제 귀속 행위'라는 측면에서 보면 그럴 듯하지만, '체제 반대 행위'라는 측면에서 보면 그렇지 않았다. 후자 쪽에서 보면 나는 체제의 그늘 아래서 안식을 취하고 있는 비겁자에 지나지 않았다. 게다가 나는 장교로 군대를 다녀왔고, 그 당시 대부분의 석사학위 소유자들이 누린 행운을 쥐고서 제대하자마자 지방 국립대에 교수로 임용되었다. 군사 쿠데타로 성립한 제5공화국 아래서 나는 매우 많은 혜택을 누리고 있었다. 물론 그 안에서 나는 체제에 대한 저항이라고 할 만한 다양한 사업들에 관여하고 있긴 했다. '민주사회를 위한 교수협의회'에 소속되어 있었고, 민주, 반독재, 계층/계급, 자유, 평등, 박애, 시민의 권리, 혁명 등을 수업 내용에 빠짐없이 넣어 학생들의 의식화를 도모하였으며, 교지 편집반 지도 교수를 하면서 학생들을 옹호하다가 해촉당하기도 하였다. 그리고 1982년부터 공적인 차원에서 개시된 나의 문학 행위는 '민주화'를 지향하는 정치적 성격을 명백히 하고 있었다(비록 민중주의자들에 의해 내가 문학주의자로서 비판을 당하고 있었긴 했지만 그것이 1980년의 사태에 대한 속죄와 민주화라는 공동의 목표에서 벗어나는 것은 아니었다). 이러한 민주화 도정에 서 있었기 때문에 1987년 반체제 운동이 절정에 달했을 때 두 차례에 걸친 '교수시국선언'에도 내 이름을 주저하지 않고 올렸다(내가 재직하고 있던 대학에서는 첫 번째 선언에 18명이, 두 번째 선언에 4명이 참여했다).

그러나 그렇다 하더라도 내가 제5공화국에서 제공한 단 열매를 맛본 것은 엄연한 사실이었고(내가 군대에서 제대하자마자 대학교수가 되리라고는 대학원 진학을 결심할 때에는 짐작조차 못 했다), 그 점에서 내가 '체제 내적 귀속'의 상태에 있다는 것을 부정할 수는 없는 일이었다. 그런 처지가 사법고시를 통해서 국가의 법적 통치를 실행하는 것과 얼마나 다른 것이겠는가? 희한하게도 그런 고민을 당시의 민주 교수들은 거의 하지 않았으며, 나 역시 그에 대해 심각하게 헤아리는 일을 슬그머니 미뤄 둔 채로, 방금 말한 이런저런 활동들을 통해서 그 문제를 망각시키고 있었던 것이다.

법과의 화해

분명 나는 무언가를 미뤄 두고 있었으며, 그건 표면의 정직함을 얻기 위해 진행된 내면의 부도덕이 틀림없었다. 그 문제를 어정쩡하게 미루는 게 나의 생존 전략이었을 것이다. 그러나 거기에는 동시에 '체제 반대 행위' 자체에 대한 나의 유보도 분명히 끼어 있었다. 특히 그 행위를 추동했던 당대의 지배적인 이념, 혹은 이념적 추세에 내가 동의하지 못하고 있었다는 것이 일종의 인식론적 걸림돌이 되어 있었다(그리고 나는 「민중문학론의 인식구조」[7]를 통해서 그런

문제를 전면적으로 부각하려 했었다. 상
당수는 그 글을 해독조차 하지 못했고,
지금 배출되는 논문들을 보면 여전히 그
런 사정은 별반 개선되지 않았지만).

그러던 중에 나에게 새로운 계기
가 다시 찾아 왔다. 그것은 황인철 선
생과의 만남이었다. 황인철 선생은
『문학과지성』이라는 계간지를 출범
시킨 '문학과지성'의 초창기 동인으
로 알려져 있다. 『문학과지성』이 일
조각에서 잡지를 내던 기간, 즉 창간
호(1970년 가을호)에서 27호(1976년

황인철(1940~1993)
1961년 사법고시에 합격해 서울지법
판사로 근무했다. 1970년부터는 변호
사로 활동하며 민주화운동과 관련한 시
국 사건들을 맡아 변호하였다. 1993년
1월 직장암 투병 중에 53세의 나이로
별세하였다.

겨울호)까지의 기간에 그이는 '편집인'으로 등록되어 있다. 하지만
그이가 잡지 편집에 직접 관여한 건 아니고 김병익 선생과의 친분
으로 인연을 맺어 재정적 후원을 했던 것이다. 나는 그런 사정은
얼마간 알고는 있었으나 황 선생을 직접 뵌 건 꽤 나중 일이었다.
1986년 2월의 '문학과지성' 신년 간담회 때였다. 그렇다고는 해도
나는 그이를 잘 알지 못한 상태였고, 문학을 하는 분이 아니었기
때문에 그이의 후덕한 인상만이 기억으로 남았다. 물론 그이가 인
권 변호사, 즉 민주화 투쟁을 하다가 법정에 서게 된 사람들의 무
료 변론을 주도한 분이라는 건 김병익 선생으로부터 들어 알고는
있었으나 깊이 생각하지 않았었다. 아마도 법에 대한 불신이 그런

175 문학과 법의 정당한 싸움을 위하여

태도의 원인으로 작용하였을 것이다.

그러다가 김현 선생이 암으로 돌아가신 해에 그이도 암으로 입원하셨다. 나는 황 선생이 입원한 가톨릭병원 근처를 지나다가 병문안을 갔다. 그이는 초췌한 모습으로 나를 살갑게 맞이하셨다. 그리고 아마 내가 고등학교 후배이기 때문에 그랬던 듯, 당신의 병세와 치료의 경과에 대해 자세하게 말씀해 주셨다. 그것은 아주 기이한 체험이었다. 논리적으로 설명할 수 없으나 나는 내 손을 잡고 말씀하시던 그 잔잔한 음성 속에서 생에 대한 그이의 의지를 강렬하게 느끼고 있었다. 그리고 얼마 후 황 선생은 돌아가셨다.

황 선생의 영면 이후 그이를 기리는 작업들이 나왔다. 안성 가톨릭공원 묘원에 묘비가 세워졌고 1999년 흉상이 제작되었다. 그러나 무엇보다 황 선생을 기억하게 하는 건 추모 문집, 『'무죄다'라는 말 한마디』[8]이다. 그 문집에는 황

인철 선생의 행적과 그에 대한 지인들의 애틋한 마음이 매우 결핍된 양태로, 그러나 그 부족 때문에 더욱 그리움이 가득한 모습으로 깃들어 있었다. 무엇이 부족한가? 그 문집을 읽으며 처음 알았지만 한국의 변호사들은 법정에서의 변론을 거의 남기지 않아 왔다. 대부분의 변론들은 때마다 짤막한 메모 형식으로 준비

1995년 출간된 황인철 변호사 추모문집 『'무죄다'라는 말 한마디』의 표지

되었고, 변론은 그 메모에 기대어 즉흥적으로 이루어졌다. 그 변론들은 녹음되지 않았고 메모들은 버려졌다. 황인철 변호사는 인권 변호사로서의 그 많은 활동에도 불구하고 기록을 남긴 게 거의 없었다. 추모 문집을 만든 사람들도 문집을 만들면서 그것을 비로소 깨달았다. 사람들이 거의 유일하게 기억하고 있는 그의 변론 내용은 1976년 '3.1 민주구국선언' 사건*에서 한 "눈을 감고 귀를 막고 입을 다물고 고개를 숙이고 있으면서, 어떻게 나라를 사랑한다고 말할 수 있겠습니까?"라는 진술[9] 정도이다.

이 진술의 즉각적인 진실성을 별도로 떼어 놓으면, 문학하는 사람의 입장에서 보면 이건 이상한 현상이었다. 문학인들은 어떻게든 자기의 기록을 남기고 싶어 한다. 물론 이 '자기의 기록'은 자기를 위한 언어라기보다 자기를 통해서 표출된 고급한 창조물이라고 그들은 생각한다. 다만 그는 창조자를 대행한 자신의 손길이 하나라도 누락되지 않길 바란다. 그것이 현세에서의 가난과 수모에도 불구하고 그들을 지탱시켜 주는 힘의 근거이다. 그런데 황인철 변호사는 훌륭한 일을 하고서도 그에 관해 남기질 않았다. 그리고 기억되지 않는다는 건 그 존재가 영원히 사라진다는 것이다. 그이는 인생을 소진한 것이다. 철저한 유틸리티utility로서 삶을 써버린

----

* **3.1 민주구국선언 사건** 1976년 3월 1일 명동성당 미사에서 윤보선, 김대중, 문익환, 함석헌, 함세웅, 이태영 등 각계 지도층 인사들이 민주구국선언을 발표한 일을 말한다. 선언문의 내용은 긴급조치 철폐, 언론·출판·집회의 자유 보장, 대통령 직선제 도입, 박정희 정권 퇴진 요구 등이었고, 총 20명이 서명해 10여 명이 구속되었다.

문학과 법의 정당한 싸움을 위하여

것이다.

그러나 그 덧없는 사라짐이 우리에게 자아내는 안타까움에 비해 문인들의 기록은 얼마나 가치가 있는 것일까? 그 또한 천차만별일 것이다. 영원한 귀감이나 사건으로 남는 것도 있을 것이다. 하지만 폐물로 퇴적되는 것이 훨씬 많을 것임은 틀림없다. 그렇다면 기억에의 욕망으로 벌겋게 달아오른 그 숱한 기록들이 지저분하게 쌓여가는 모습은 그 명분에도 불구하고, 아니 그 명분 때문에 더욱 더, '황무지 Waste Land'[10]의 황량함과 흉물스러움을 내비칠 수도 있었다.

그리하여 문학의 비현실성과 법의 엄정한 현실성 사이의 대비는 이번엔 아주 다르게 내 앞에 나타났다. 비현실성이 현실의 쓰레기로 전락하는 것과 현실성이 그 현실성 속에서 심지의 불로 타오르다가 홀연히 사라져 버리는 일 중 어떤 것이 더 의미 있는 일인가? 세속적 이해관계의 측면을 떠나 기능성의 측면에서 보자면, 법은 오히려 그 집행이 공정하다는 전제하에 뒤끝을 남기지 않는 순수한 행위라는 의미를 갖는다. 그에 비해서 '써먹을 수 없다'는 성격을 무기로 효용성을 다투는 모든 행위에 '반성'의 딱지를 붙이는 문학은 아주 끈질기게 모든 곳에 자신의 흔적을 남긴다. 이 두 가지 상반된 존재론적 행위들 사이에 우열을 구분하는 것은 무의미할 것이다.

『'무죄다'라는 말 한마디』가 내게 준 충격은 거기에서 그치지 않는다. 그 책에서 내 마음에 각별히 다가왔던 것은 인권 변호사로서의 활동 자체가 아니었다. 그이는 민주화에 대한 의식이 특별히 앞섰던 것 같지는 않다. 오히려 그는 학구열에 불타는 순진한 학생으로서 법대에 진학한 후 정규 코스를 밟듯 사법고시에 합격했고 많은 가족들의 생계를 위해 일찍 변호사로 개업하였다. 그러다 어느 날 민주화 투쟁으로 고초를 겪는 사람들을 보고 그들의 희생에 감복하여 그들을 위해 무언가를 하기로 결심한다. 아마도 1974~1975년 사이에 언론탄압 사태에 연루되었던 친구 김병익과의 우정이 그의 눈길을 유도했는지도 모른다.[11] 어쨌든 그이는 1974년 7월부터 인권 변론을 맡기 시작한다. 그렇게 시작한 일이 그이가 돌아가신 1990년까지 지속된다. 특이한 것은 황인철 변호사는 인권 변호사 일을 앞장서서 주도했음에도 불구하고 홍성우, 강신옥, 한승헌 등처럼 투옥된 적도 없었으며, 언론에 인권 변호사로서 부각되지도 않았다는 것이다. 사람들이 보기에 그는 보통 사람 중의 하나였다. 아마 이런 인식은 지나친 것일지도 모른다. 인권 변호사 활동의 역사에서 황인철 선생의 이름은 빠짐없이 등장하였으니까. 그럼에도 불구하고 나는 그렇게 느꼈다. 그리고 나와 비슷한 느낌을 가졌는지, 정현종 선생도 다음의 시구로 그 사정을 간명히 드러내고 있다.

차가운 하늘을 날아가는 겨울 오리들
틈에서 그대를 본다.
춥겠다.

　　　　　　　　　　문학과 법의 정당한 싸움을 위하여

그대의 깃은 아직

세상을 따뜻하게 하고 있는데……[12]

내가 보기에, 보통 사람으로서 사람이 할 일을 가장 높은 수치로 보여 준 이, 그이가 황인철 선생이었다. 그것은 나에게 타고난 의인은 없다는 것을, 또한 모든 사람들은 살아가는 나날 속에서 끊임없이 변모하고 있으며 사람에 대한 평가는 그의 생 전체를 두고 해야 한다는 것을, 오늘의 이득이 내일의 헌신을 위한 계기가 될 수도 있다는 것을 가르쳐 준 계기가 되었다.

맺는 말

아즈텍 문명, 메소포타미아 문명 등의 명명이 그대로 가리키듯이, 지구상의 모든 문명들이 공동체의 성립에서부터 출발한 것이라면, 따라서 그것이 문명 성립의 일반 원리라고 간주할 수 있다면, 이 공동체의 성립에 폭력이 기초적 사건으로 개입한다는 것을 밝힌 사람은 르네 지라르René Girard이다. 그는 그것을 '초석적 폭력violence fondatrice'이라고 부르면서, 인간 사회의 모든 문화 형식은 이 초석적 폭력에 근거해서 태어난다고 보았다.

초석적 폭력은 인간이 보존하고 있는 모든 소중한 것들의 실질적인 기원을 이루게 된다. 다른 신화적 인물에 의해 한 신화적 인물이 살해되는 것으로 끝나는 모든 기원신화가 은연중에 단언하고 있는 것이 바로 이것이다. 이 사건이야말로 문화 질서의 창립자로 여겨진다. 죽은 신성으로부터 제의뿐 아니라 결혼 규칙, 금기, 인간에게 인간성을 부여하는 모든 문화 형식들이 나온다.[13]

이때 이 폭력의 기능은 공동체의 질서를 확립하는 데에 있으며, 질서를 합리적인 언어들로 구성한 것이 법이라 할 것이다. 그러니까 부정적 행위를 통해 긍정적 환경을 만드는 게 초석적 폭력의 기능이며, 그 기능을 합리화하는 것이 법이다. 이 부정-긍정의 기이한 모순에 의해서 각종의 문화 형식들이 배태된다. 어떤 문화는 공동체의 질서를 옹호하고 어떤 문화는 그 폭력의 잔혹함을 폭로한다. 그런데 지라르의 통찰은 폭로하는 문화 역시 그 질서의 강화를 위해 기능한다는 것을 꿰뚫어 보았다는 것이다. 문화는 초석적 폭력을 인류 사회의 근본적인 기능으로 인류의 심부에 정착시킨다. 그것을 가능케 하는 것은 '희생양 제의'이다.

질서가 지배하든 아니면 질서가 위태롭든 간에, 따라야 하는 것은 언제나 똑같은 모델이며 되풀이해야 하는 것도 똑같은 도식이다. 그것은 바로 꿋꿋하게 극복하는 위기, 희생물에 대한 만장일치적인 폭력이라는 모델이다.[14]

그 근거는 '희생양 메커니즘'이 "폭력을 공동체 밖에 유지시키는" 효과를 통해 폭력의 상시적 작동을 가능케 한다는 발견에 있다.

> 우리는 벌써 희생물에 대한 폭력은 분명히 근본적으로 초석적인(fondatrice) 것이라고 생각할 수 있는 타당한 이유를 가진 셈이다. 이 희생물에 대한 폭력이 폭력의 악순환을 끝내지만 동시에 또 다른 악순환, 즉 문화 전체의 악순환이 될 수 있는 또 다른 희생 제의의 악순환을 시작한다는 의미에서 그러하다.[15]

그리고 이러한 악순환을 지탱하는 것은 '합법적 형벌'이라는 벌 체계의 논리적 구축이다.

> 합법적 형벌이라는 개념은 초석적 메커니즘과 분리될 수 없다. 이 개념은 공동체 전체가 단 하나의 책임자를 적대시하게 하는 저항할 수 없는 확신 즉, 자발적 만장일치에까지 거슬러 올라간다.[16]

내가 생각하는 문학은 '초석적 폭력'이라는 블랙홀 너머로 가는 것이었던 것 같다. 그러나 그것이 가능한지를 헤아리기에 앞서 나는 저 너머의 가치로 현세의 가치들을 공격하는 데 에너지를 쏟아부었던 것은 아닌가? 그럼으로써 측정되지 않는 환상에 기대어 타인들의 바깥에 위치하는 자기만족을 즐긴 것은 아닌가? 그 즐김

이 현세에서의 안정에 대한 알리바이로 작용하고 있는 것은 아닌가? 내가 인간에 속하는 것은 행운도 아니고 재앙도 아니다. 다만 운명일 뿐이며, 나는 내 운명을 성실하게 견뎌 내야 할, 혹은 이행해야 할 책임이 있다. 왜냐하면 나는 여전히 '현세'에 살고 있으니까. 현세를 작동하는 원리의 핵심에 도사리고 있는 '법'에 대해 문학은 끊임없이 싸워야겠지만, 그 싸움은 초월적인 방식으로가 아니라

르네 지라르(1923~2015)
프랑스의 역사학자, 문학비평가, 철학자이다. 인류학적 관점에서 기독교와 불교를 연구했으며, 희생양이 종교와 사회에 작동하는 메커니즘을 파고들었다.

내재적인 방식으로, 즉 공동체의 원리 안에서 공동체를 변모시키는 방식으로 이루어져야 한다. 법도 불가피한 이유가 있고 문학도 필사적인 사정이 있다. 만일 문학과 법 사이에 화해가 있을 수 있다면, 그 화해는 정당한 싸움을 위한 약속이 되리라.

인권의 등불,
故황인철 변호사의 삶[*]

황인철 변호사(1940~1993). 충남에서 6남 3녀 중 장남으로 태어나, 1958년 서울대학교 법과대학에 입학하고 1961년 사법고시에 합격하였다. 1965년 판사로 임관하며 법조인의 생활을 시작했다. 그는 동생들을 뒷바라지하기 위해 1970년에 변호사 사무소를 개업했다. 여기까지는 평범한 법조인의 삶처럼 느껴지지만, 그가 1970~80년대 변론을 맡은 사건들을 쭉 나열하면 그 자체로 현대사의 연표가 된다. 그는 불의한 시대, 암울한 독재 정권 아래에서 70년대에는 중앙정보부에, 80년대에는 보안사에 끌려가며 고초를 겪으면서도 죽을 때까지 인권 변호사로 싸웠다.

1972년 유신체제를 선포한 박정희 정권은 국민들의 저항과 반발을 억누르기 위해 긴급조치권을 수시로 발동했다. 박정희 정권은

---

[*] 이 글은 이석태, 「황인철 변호사 연보」(『'무죄다'라는 말 한마디』, 문학과지성사, 1995)를 참고하여 작성하였다.

184

1974년 긴급조치 4호를 발동하여 반독재 시위를 추진하던 전국민주청년학생총연맹(민청학련) 관련자 180명을 '국가를 전복시키고 공산정권 수립을 추진했다'는 혐의로 구속·기소했다. 황인철 변호사는 이 '민청학련' 사건의 변론을 맡게 된 것을 계기로 하여 이돈명 변호사 등과 함께 인권 변론의 길에 뛰어들게 된다. 황인철 변호사는 1993년 지병인 직장암으로 숨을 거둘 때까지 독재 정권에 의해 탄압받는 사람들 편에 선 인권 변호사로서의 삶을 살았다.

● 황인철 변호사가 변론을 맡은 사건들

1974년 - 민청학련 구속자 변론

1975년 - 동아일보에 연재한 옥중수기 「고행 1974년」으로 재구속된 김지하 시인 변론

  - 유럽간첩단 사건에 연루된 고 김규남 의원에 대한 사형집행을 애도하는 수필 「어떤 조사」의 필화 사건으로 구속된 한승헌 변호사 변론 실무

1976년 - 3.1절 57주년 명동성당에서 발표한 〈3.1 민주구국선언문〉을 '일부 재야인사들의 정부 전복 선동사건'으로 규정하고 긴급조치 9호 위반으로 20명을 입건한 3.1 민주구국선언 사건 변론

  - 언론자유를 위해 투쟁하다 해고된 동아일보, 조선일보 기자들이 결성한 동아투위, 조선투위 변론

  - 전태일 열사의 죽음을 계기로 결성되어 근로기준법 준수, 노동조합 인정 등의 활동을 벌여 온 청계피복노조 변론

1978년 - 동일방직의 민주노조를 해체하기 위해 노조 대의원 선거

에서 여성 노동자에게 똥물을 퍼붓고 126명의 노동자를 해고한 동일방직 사건 변론

- 『우상과 이성』, 『8억 인과의 대화』를 쓴 리영희, 출판사 창작과비평사 대표 백낙청이 반공법 위반 혐의로 기소된 필화 사건 변론

1979년 - 크리스챤 아카데미에서 반독재 민주화운동을 주도하던 이우제 · 김세균 · 장상환 · 신인령 · 한명숙 · 황한식 · 정창열 등을 국가보안법으로 구속한 사건 변론

- 회사의 폐업 조치에 항의하여 신민당 당사에서 농성을 벌이던 노동자들을 강제로 해산시키고 그 과정에서 1명의 노동자가 사망한 YH 사건 변론

- 박정희 대통령과 차지철 경호실장 등을 권총으로 사살한 이른바 '10.26 사태'를 일으킨 김재규 변론

1982년 - 1980년 광주에서 신군부가 군대를 동원하여 시민들을 폭력 진압하는 것을 미국 정부가 용인했다고 비판하며 부산의 미문화원을 방화한 사건 변론

- 노조 사무실에서 농성하던 노조원들을 강제로 끌어낸 뒤 노조원 578명을 해고하고 8명을 구속한 원풍모방 사건 변론

- 강원대에서 성조기를 소각하며 시위하여 국가보안법 등으로 기소된 학생들 변론

- 전북 군산 제일고 교사 9명이 '오송회'라는 반국가단체를 구성했다는 혐의로 구속된 오송회 간첩사건 변론

1983년 - 4.19 직후에 북에서 내려온 송 씨 한 사람을 며칠 숨겨 주

었다는 이유로 28명의 일가족을 간첩으로 구속한 송 씨 일가 간첩단 사건 변론

1985년 - 노조 탄압에 맞서 농성을 했다는 이유로 구속된 대우어 패럴 노조 등 각종 노동 사건 변론

- 민족통일 · 민주쟁취 · 민중해방 투쟁위원회(삼민투위)가 주도하여 광주학살에 대한 미국의 책임을 묻고 사과를 요구하며 서울 미문화원을 점거한 사건 변론

- 민주화와 통일을 주장하며 건국대학교에서 점거 농성하던 학생들을 경찰이 강제 해산시킨 뒤 1,525명을 연행하고 이 중 1,288명을 구속한 건국대 사건 변론

1987년 - 위장 취업한 뒤 노동운동을 하던 대학생을 연행하여 성고문한 부천서 성고문 사건의 피해자 변론

- 박종철 열사 유족의 요청으로 국가를 상대로 손해배상 청구

1989년 - 평양 세계청년학생축전에 참여했다가 판문점으로 귀환하여 체포된 임수경 · 문규현 방북 사건 변론

1991년 - 국군보안사령부의 민간인 정치사찰을 폭로한 윤석양 사건 변론

문학과 법의 정당한 싸움을 위하여

망월忘月
— 배심원단을 위한 표절 재판 보고서

남형두

* 우리나라 재판에서 판사는 재판 절차를 주재하는 사회자 겸 최종 결론을 내리는 판관이다. 그런데 영미식 배심재판제에서 판사의 역할은 사회자에 그친다. 유무죄와 형량을 결정하는 것은 피고인과 같은 평범한 시민인 배심원들의 몫이다. 증거조사 및 구술변론이 끝나면 판사는 배심원들에게 평결에 필요한 설명을 하는데 이 과정에서 설명서를 나누어 준다. 이 글은 이를 차용해 문학이라는 가상 법정의 배심원단에 제출한 보고서 형식의 평론이다. 필자는 이 재판에서 판사를 자처한 셈이다. 이 법정의 배심원석에는 문학인들, 그리고 문학의 외피가 터져 사라졌다면 일반 독자들이 그 자리에 앉게 된다. 배심원석에는 미래 세대의 문인, 독자들을 위한 빈자리도 보인다.

* 이 글은 2016년 9월 문학실험실에서 펴낸 반연간지 『쓺』(통권 제3호)에 게재됐던 것을 토대로 수정·보완한 것이다.

존경하는 배심원 여러분, 저는 이 재판의 사회를 맡은 재판장입니다. 지난 1년 간 검사와 변호인의 날선 공방을 들으셨을 줄로 압니다. 이제 배심원단의 평결에 앞서 다음과 같이 재판 보고서를 제출합니다.

15년 만에 다시 불어 닥친 표절 논란*의 광풍 앞에 무너지고 뿌리가 드러난 우리 문학계는 그때 논의하지 못한 것을 한목소리로 자책하고 있습니다. 이번 논란이 쉽게 수그러들지 않고 증폭된 데는 문단 권력에 대한 비판이 한몫하고 있습니다. 이 보고서는 문학 표절에 관한 합리적 논의를 저해하는 문단 권력 논쟁은 배제하고, 표절 논의로 그 범위를 제한합니다. 나아가 논의를

....

•   신경숙의 1996년 작 「전설」에 대한 표절 의혹 제기는 『문예중앙』 2000년 가을호에 실린 평론가 정문순의 글이 최초였으나 당시에는 큰 이목을 끌지 못했다. 하지만 2015년 평론가 이응준이 15년 만에 다시 문제를 제기했을 때는 문학계를 뒤흔드는 사건이 되었다.

191

집중하기 위해 최초 문제 제기된 신경숙의 「전설」만 다루기로 합니다.

이제 보고서 형식을 따르기로 하겠습니다.

언어의 불일치에서 온 비합리적 논의

그간 많은 논쟁이 있었지만 합의점을 찾지 못한 데는 공격하는 쪽과 방어하는 쪽의 언어가 달라 논의가 공전된 탓이 크다. 서로 허공에 대고 주먹질한 셈인데, 합리적 논의를 위해서는 언어의 불일치를 찾아내야 한다.

윤리 영역의 표절과 실정법 위반인 저작권침해는 요건과 효과에 차이가 있다. 이응준의 문제 제기는 표절로 보인다.[1] 그런데 창비의 초기 대응은 '부분적 문자적' 유사성은 있을지 몰라도 '포괄적 비문자적' 유사성은 없다는 것으로서 저작권침해 사건에서 흔히 쓰이는 항변이 등장했다.[2] 저작권법 전문가의 손길이 닿은 것으로 보이는 이 대응 논리는 표절이라 주장하는 쪽을 더욱 자극하여 논의가 감정적으로 흐르는 데 기여했다.

혼란은 문학 표절과 학문 표절을 구분하지 않은 데서도 비롯됐다. 표절은 단지 어떤 개성적 문장의 인용 부호 없는 절취일 뿐이라거나(장은수),[3] 패러디나 오마주를 제외하고 출처를 밝히지 않고 베껴 쓰는 것은 모두 표절이라는(정문순)[4] 식의 주장처럼 극단으로 흐르기도 했다. 이런 주장은 자칫 부메랑이 되어 문학 영역에서 표현의 자유를 심각하게 위축시켜 문학에 자기 족쇄로 작용할지도 모른다. 남의 것을 내 것인 양해서는 안 된다는 점에서 문학이건 학문이건 표절을 달리 볼 것은 아니다. 그러나 표절의 상대 개념인 인용의 목적에서 두 분야는 세부적으로 중요한 차이가 있다.

논의에 혼선을 빚게 하는 또 다른 언어의 오용은 사실 개념과 가치 개념을 섞어 쓴다는 것이다. '동일하다', '베껴 썼다'는 것은 사실 개념이다. 도덕적 비난 대상이 되는 표절이나 법적 책임이 수반되는 저작권침해 같은 가치 개념과 준별해야 합리적 논의가 가능해진다. 동일하거나 베껴 썼다고 해서 바로 표절이나 저작권침해가 되는 것은 아닐 수도 있기 때문이다. 그런데 안타깝게도 특정 프레임으로 가둘 수 있는 용어의 오용은 입장은 달라도 논의 참여자 대부분에게서 발견된다. 가치 판단이 더해지기 전의 개념인 모방, 차용이라는 용어로 써야 할 것을 표절로 씀으로써 합리적이고 이성적인 논의에 걸림이 되고 있다.

논쟁은 무대를 바꾸어 역사 속으로 들어가기도 한다. 먼지가 켜켜이 쌓여 있는 수장고의 책을 꺼내 표절이었음을 밝혀 현재의 표절 논의에 가해진 예봉을 무디게 하려는 노력이 시도되기도 했다(남진우).[5] 이런 논의가 의미 없는 것은 아니지만, 과거와 현재의 다른 사회적 맥락context을 고려하지 않은 것이라면 '제 논에 물대기'라는 비판을 피하기 어렵다.

논란이 궤도를 이탈한 것은 표절과 저작권침해를 혼동하거나 학문 표절과 문학 표절을 구별하지 못한 횡(橫)의 섞임, 그리고 시대적 맥락을 고려하지 않은 채 콘텍스트와 텍스트를 제멋대로 얼버무리는 종(縱)의 섞임에서 오는 것이다.

표절과 저작권침해를 합쳐 넓게 표절로 말하기도 하지만, 합리적 논의를 위해서는 이 둘을 구분해야 한다. 저작권침해는 저작권법이 규정하는 것으로서 민사 또는/그리고 형사 책임이 따른다. 표절은 저작권침해와 겹치는 경우도 있지만, 그렇지 않은 경우도 있다. 저작권침해가 되지 않으면서도 표절이 성립하는 경우(아래 그림에서 B 부분)는 법적 제재가 아닌 윤리적 제재의 영역이다.

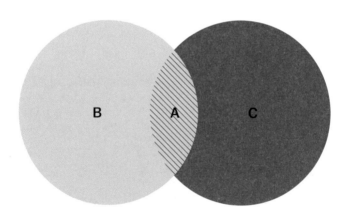

표절과 저작권침해의 영역
 • A+B로 구성된 원: 표절(협의의 표절)
 • A+C로 구성된 원: 저작권침해
 • A+B+C 전체: 광의의 표절

저작권 보호의 대상은 아이디어가 아니라 표현이다(저작권법 제2조).[6] 아이디어는 가져다 써도 무방하지만 표현을 허락 없이 가져다 쓰면 원칙적으로 저작권침해에 해당한다. 그런데 여기서 '무방하다'는 말에는 커다란 함정이 있다. 표현은 아니지만 아이디어 중에도 함부로 가져다 쓰면서 자기 것인 양하면 표절이 될 수 있는 것들이 있기 때문이다(B 부분). 그리고 자신의 이름으로 창작 활동을 하는 사람은 법적 책임을 지지 않는다 해도 표절을 더 두려워하기도 한다. '표절 작가'라는 주홍글씨가 평생 그림자처럼 따라다닐 수 있어서이다.

인터넷상에서 적법한 권한 없이 영화를 내려받아 보거나 사진을 복제해 자신의 책에 삽입해 쓰면 저작권침해가 될 수 있다. 이에 따라 민사상 손해배상책임, 형사상 처벌을 받을 수 있다. 그러나 다른 사람의 책에서 독창적 아이디어를 차용하면서 출처를 밝히지 않는다면 표절만 문제될 뿐 저작권침해는 되지 않는다. 이 경우 표절 학자 또는 표절 작가라는 비난을 받게 되는데, 이런 사회적·윤리적 비난과 제재가 법적 제재보다 가볍다고 할 수 있을까? 명예와 평판을 중시하는 문학/예술계, 학계에서는 법적 제재와 윤리적 제재의 역전 현상이 발생한다. 저작권침해와 표절을 구별 없이 사용하거나 법적 책임의 영역이 아니라는 이유로 표절을 저작권침해보다 가볍게 보는 전제하에 이루어지는 논의는 적어도 문학 영역에서는 합리적 논의를 저해한다.

저작권침해인가

문학 작품에서 주제, 구성(플롯), 배경, 캐릭터 등은 '창작의 도구'라 하여 아이디어 영역으로 본다. 따라서 2000년에 정문순이 미시마 유키오三島 由紀夫의 「우국憂國」과 신경숙의 「전설」이 모티브, 구성, 전개 방식에서 유사하다고 지적한 내용은 원칙적으로 저작권 보호 대상이 될 수 없는 '아이디어'에 대한 것으로서, 표절이 문제될지언정 저작권침해 문제는 아니었다.

이에 비하면 이응준의 지적한 대상은 '표현'에 가깝다. 이응준은 구체적으로 젊은 부부의 정사 장면을 비교한 뒤 신경숙이 「우국」을 베낀 것이라고 단정한다. 그럼에도 저작권침해가 되기에는 부족하다. 저작권법은 '정당한 범위' 안에서의 사용은 허락이 없어도 공정 이용으로 허용해 주기 때문이다. 보호 대상 작품이 주主가 되고 침해 의혹 작품이 종從인 관계에 있으면 주종관계가 역으로 형성됐다고 하여 정당한 범위를 벗어난 것으로 본다. 정당한 범위를 벗어났는지의 판단 요소가 되는 주종관계는 다시 양적 주종관계와 질적 주종관계로 나

미시마 유키오(1925~1970)
노벨문학상 수상작가 가와바타 야스나리의 추천으로 20대에 등단한 미시마 유키오는 동경제국대학 법대를 졸업하여 고등문관시험을 통과한 이색 경력자로서 노벨문학상 후보자로 여러 번 추천되기도 했다. 단편 소설 「우국」은 그가 1961년에 발표한 작품이다. 그는 1970년에 자위대의 쿠데타를 촉구하는 연설을 한 뒤 할복자살을 하였는데, 「우국」의 할복자살 장면이 예고편이 된 셈이어서 일본 사회와 문단에 큰 충격을 주었다.

뉘고, 둘 중 하나만 역으로 형성되어도 정당한 범위를 벗어난 것으로서 저작권침해가 된다. '표지 갈이'나 '저자 바꿔치기' 또는 이에 준하는 정도라면 장르별로 고려할 것도 없이 양적으로 정당한 범위를 벗어났다고 볼 수 있다. 그러나 어떤 경우에도 이 건처럼 「전설」에서 가져다 썼다는 부분이 「우국」의 1%도 되지 않는 것이 분명하다면 양적 주종관계가 역으로 형성되었다는 결론이 나올 것 같지는 않다.

　　동일하거나 유사한 부분의 양이 많지 않은 경우에는 질적 주종관계가 중요해진다. 보호 대상물의 중요한 부분을 침해 의혹물이 가져다 썼다면 분량의 많고 적음을 묻지 않고 질적 주종관계가 역으로 형성됐다고 볼 수 있기 때문이다. 평론가 중에는 문제의 정사 장면이 양 작품의 핵심 부분이라고 주장하는 이도 있다. 그러나 목숨을 건 싸움터에 나가기 전날, 결혼한 지 얼마 안 된 신혼부부의 격렬한 정사 장면은 드문 것이 아니라는 점에서 작품의 본질적 부분이라고 하기 어렵다. 오히려 「우국」에서는 정사 후 부인 앞에서 자살하는 장면에 대한 묘사가 극사실적이고 다른 소설에서 볼 수 없는 특색이라 할 것이다. 반면 「전설」에서는 제목이 말해 주듯 아이 때부터 성장 과정을 함께한 남녀가 결혼하고, 전장에 나가 돌아오지 않는 남편을 기다리는 여인이 다시 부모 잃은 아이를 기르게 되는, 전쟁이 뒤바꿔 놓은 한 여인의 삶이 시간의 흐름을 타고 도열된다는 것이 가장 큰 특색이라 할 수 있다. 이점에서 질적 주종관계 또한 역으로 형성됐다고 보기엔 무리가 있다.

부록

정당한 범위 내외 여부는 '시장적 경쟁관계 이론'으로 설명되기도 한다. 양 작품이 같은 독자들을 놓고 경쟁하는가, 그래서 원작자가 경제적으로 손해를 보거나 그럴 가능성이 있는가에 따라 정당한 범위를 벗어났는지 여부를 귀납적으로 결정하는 것이다. 이 건에서 「전설」이 「우국」의 판매수익을 감소시켰다거나 그럴 가능성이 있다고 보기는 쉽지 않을 것이다. 결국 이응준의 지적처럼 일부 표현이 같다고 해도 저작권침해가 되기는 어렵다.

정문순이 지적한 것은 아이디어이고 이응준이 지적한 것은 표현에 해당한다. 다음으로 두 경우 모두 '저작권침해가 아닌 표절'(그림의 B 부분)에 해당하는지 살펴보아야 한다. 옥스퍼드 사전에서 표절plagiarism의 정의는 "The practice of taking someone else's work or ideas and passing them off as one's own"[7]이다. 이 정의에 따르면 표절은 절취(taking)와 기만(passing off)이라는 두 가지 요소로 이루어져 있다. 독창적이지 않은 일반적 아이디어라면 절취가 성립하지 않는다. 가져다 쓰면서 출처를 밝히지 않았어도 속일 의도가 없고, 나아가 독자들도 속지 않았다면 기만에 해당하지 않는다. 결국 이 단계에서 중요한 것은 가져다 쓴 부분이 얼마나 독창적인가, 그리고 출처를 숨긴 것이 기만적인가에 있다.

그렇다면 표절인가 1
—「우국」의 독창성

정문순의 주장이 성공하기 위해서는 「우국」의 <u>모티브 등이 「우국」만의 독창적인 것인지(①)</u>, 나아가 양 작품의 모티브 등이 유사한지(②)가 선결돼야 한다. 소설의 모티브 등이 동일 또는 유사하다는 이유로 한 작가에게 표절 선고를 내리기 위해서는 그 모티브 등의 독창성 수준이 '누구의 것'이라고 할 정도여야 할 것이다. 그런데 「우국」의 모티브 등이 과연 미시마 유키오가 독차지할 만한 것인지는 의문이다(위 ①에 대한 판단). 양 작품의 모티브 등이 유사하다는 이유로 표절 판정을 내리기 위해서는 아이디어 영역인 모티브 등이 표현보다는 훨씬 제한적이기 때문에 유사 정도로는 부족하고 거의 동일해야 한다. 이에 대해 평론가 윤지관은 양 작품의 구성과 전개 방식이 정반대라고 주장하고,[8] 평론가 최원식은 양 작품이 대응관계에 있지만 표절관계가 아닌 영향관계에 있다고 조심스레 접근한다.[9] 극단적인 견해를 버리고 중립지대에 있는 견해를 취하더라도 양 작품의 모티브 등이 표절 판정을 내리기에 충분할 정도로 동일 또는 거의 동일하다고 보기는 무리인 것 같다(위 ②에 대한 판단).

다음으로 이응준의 주장이 성공하기 위해서는 「우국」[10]에 나오는 정사 장면 등의 <u>묘사가 「우국」만의 독창적인 것인지(㉮)</u>, 나아가 양 작품의 표현이 유사한지(㉯), 선결돼야 한다. ㉮와 ㉯는 위 정문순에서와 마찬가지로 서로 유기적으로 연결돼 있다. 표절이 성립하기 위해서는 「우국」의 정사 장면 묘사가 독창적일수록 양 작품의 표현이 동일하지 않고 상당히 유사한 정도로도 족하지만, 묘사의 독창성이 약할수록 데드 카피dead copy[*] 수준으로 동일해야 한다. 결국 이웅준이 제기한 문제의 해답은 「우국」의 묘사가 얼마나 독창적인가에 달려 있다.

미시마 유키오, 「우국」 (김후란 역, 1983)[11]	미시마 유끼오, 「우국」 (황요찬 역, 1996)[12]	신경숙, 「전설」 (1996)[13]
두 사람 다 실로 건강한 젊은 육체의 소유자였던 탓으로 그들의 밤은 격렬했다. 밤뿐만 아니라 훈련을 마치고 흙먼지투성이의 군복을 벗는 동안마저 안타까와하면서 집에 오자마자 아내를 그 자리에 쓰러뜨리는 일이 한두 번이 아니었다. 레이코도 잘 응했다. 첫날밤을 지낸지 한 달이 넘었을까 말까 할 때 벌써 레이코는 기쁨을 아는 몸이 되었고, 중위도 그런 레이코의 변화를 기뻐하였다.	두 사람 모두 실로 젊고 건강한 육체의 소유자들이라 이들의 사랑행위는 매우 격렬하였는데, 이것은 밤에만 벌어지는 것이 아니었다. 훈련에서 돌아온 중위는 먼지투성이 군복을 벗다가 그 틈도 참지 못해, 집에 돌아온 그 자리에서 새댁의 가는 허리를 꺾은 적도 한두 번이 아니었다. 레이꼬도 곧잘 이에 응하였다. 첫날밤으로부터 한 달이 채 될까말까 할 때, 레이꼬는 사랑의 기쁨을 알았으며, 중위도 이를 알고 기뻐했다.	두 사람 다 건강한 육체의 주인들이었다. 그들의 밤은 격렬하였다. 남자는 바깥에서 돌아와 흙먼지 묻은 얼굴을 씻다가도 뭔가를 안타까워하며 서둘러 여자를 쓰러뜨리는 일이 매번이었다. 첫날밤을 가진 뒤 두 달 남짓, 여자는 벌써 기쁨을 아는 몸이 되어 있었다. 여자의 첫일한 아름다움 속으로 관능은 향기롭고 풍요롭게 배어들었다. 그 무르익음은 노래를 부르는 여자의 목소리 속으로도 기름지게 스며들어 이젠 여자가 노래를 부르는 게 아니라 노래가 여자에게 빨려오는 듯했다. 여자의 변화를 가장 기뻐한 건 물론 남자였다.

....

- **데드 카피** 이미 시판되고 있는 제품을 모방 혹은 복제하여 재현하는 것을 의미한다. 여기에서는 재현 수준의 모방을 뜻한다.

잠시 앞의 질문에 대한 답변을 유보하고, 표절의 또 다른 요건인 '주관적 요건'으로 넘어가자. 정문순과 이응준의 주장이 성공하기 위해서는 독창성(①과 ㉮)과 유사성(②와 ㉯)의 허들을 넘더라도 신경숙이 「우국」을 베꼈어야 한다. 즉 표절의 두 요소인 '훔친다'와 '속인다'에는 행위자의 주관적 인식의 지배가 있어야 한다. 저작권 침해와 마찬가지로 표절에서도 주관적 요건이 필요하다고 보는 것이 합리적이다.

어떤 작품을 보고 베꼈다거나 그것에 의거해 썼다는 의혹을 받을 때, 표절 의혹자가 이를 부인하면 입증은 사실상 불가능하다. 대체로 은밀하게 이루어지는 작업이라 본인이 자인하지 않으면 의거 사실을 입증하기 어렵기 때문이다. 신경숙은 지금껏 위와 같은 의거성을 인정한 적이 없다. 이와 관련해 그가 남긴 말은 신문 인터뷰에서 "아무리 지난 기억을 뒤져봐도 '우국'을 읽은 기억은 나지 않지만, 이제는 나도 내 기억을 믿을 수 없는 상황이 됐다"고 한 것이 전부다.[14] 이는 단지 물의를 빚은 데 대한 사과일 뿐, 표절을 인정한 것이 아니다. 그렇다고 의거성을 추정할 다른 방도가 없는 것은 아니다. 판례에서는 도저히 보고 베끼지 않으면 그렇게 같을 수 없을 정도인 경우에 '현저한 유사성 striking similarity'이 있다 하여 의거성을 사실상 추정하기도 한다. 현저한 유사성에는 대표적으로 '공통의 실수 common errors', '공통의 미적 오류 common aesthetic miscues'가 있다. 원작에 있는 의도하지 않은 실수나 매우 독특한 에피소드가 표절 의혹물에도 남아 있으면 현저한 유사성이 있다고 추정하는 것이다.

저작권침해에서 쓰이는 현저한 유사성 이론이 표절에 들어오면, '우연한 표절', '내면화 항변' 같은 말과 동전의 앞뒷면을 이룬다. 읽은 적이 없는데 우연히 같다든지, 읽은 것은 맞지만 그것이 내면화된 후 나온 것일 뿐 보고 베낀 것은 아니라는 표절 의혹자의 단골 반응이 이에 해당한다. 그러나 법정에서 피고인 자신의 진술이 무죄의 증거가 될 수 없듯이, 이런 항변으로 표절 판정이 달라질 것은 아니다. 현저한 유사성 이론이 적용될 수밖에 없는 엄혹한 순간이다. 이응준의 "우연히 보고 들은 것을 실수로 적어서는 결코 발화될 수가 없는 차원의, 그러니까 의식적으로 도용하지 않고서는 절대로 튀어나올 수 없는 문학적 유전공학의 결과물"이라는 지적[15]은 판례에서 말하는 현저한 유사성의 다른 표현이라 할 수 있다. 현저한 유사성이 인정되면 내면화 항변이나 우연한 표절 항변은 수용될 수 없다. 여기서 양 작품에 공히 나오는 "기쁨을 아는 몸이 되었다"와 같은 표현이 현저히 유사한 표현에 해당하는지가 이 문제를 푸는 열쇠다. 이응준의 주장대로 자신의 집 앞에 있는 커다랗고 둥근 바위 하나가 어느 밤 태풍이 친 후 로댕의 '생각하는 사람'과 같은 모양으로 깎여 있다고 말할 만한 것인가?[16] 아니면 사랑하는 젊은 부부의 격렬한 정사 후의 상태를 묘사하는 통속적 표현에 불과한 것인가? 신경숙의 변호인을 자처하는 이들이 집중해야 할 곳은 바로 여기다. 비슷한 상황에서 유사한 표현의 예를 모아 제시하는 것이 표절 의혹을 벗어나는 핵심 포인트다. 다른 시대,

다른 콘텍스트의 사례를 끌어모은들(윤지관,[17] 남진우[18]) 희석화 시도라는 비판을 피하기 어려울 수 있다.

그렇다면 표절인가 2
― 숨기는 것

논문 표절과 문학 표절은 상당 부분 그 궤를 달리한다. 어떤 작가나 비평가는 소설에도 논문 표절 가이드라인처럼 '몇 단어 연속 사용'과 같은 기준을 요구한다. 그러나 논문에서조차 그와 같은 정형화된 기준은 잘못된 것이다. 학문의 종류별 특성과 해당 표현이 일반지식에 속하는지 여부를 불문하고 기계적으로 적용되는 기준이란 있을 수 없기 때문이다. 하물며 예술 영역인 문학에서 이런 기준을 요구한다는 것은 문학을 포기하는 것과 다름 없다.

　남의 문장이나 독특한 생각을 자기 것인 양해서는 안 된다는 점에서는 문학과 학문이 다를 수 없다. 그러나 남의 것임을 표시하는 '인용'에서 그 빈도랄까 촘촘한 정도는 다를 수 있다. 예컨대 프랑스 작가 피에르 르메트르Pierre Lemaitre는 한국어판『오르부아르』의 '감사의 말'에서 에밀 아자르, 빅토르 위고 등 작가들을 차용했다고 밝혔다.[19] 이로써 르메트르는 표절 의혹으로부터 벗어났다고 할 수 있다. 소설에서 구체적으로 차용한 부분에 주를 붙일 필요는 없다. 그러나 학술 저술에서 서문이나 말미에 감사의 인사thanks comment를 한 것(이른바 '학은형學恩型 출처 표시')으로 표절 책임을 면할 수 없는 것은 자명하다.[20] 표절의 상대 개념인 인용의 목적이 학문과 문학에서 다르기 때문이다. 학문에서 인용 목적은 주로 '권위의 원천 가져오기'에 있다. 자신의 주장을 독자가 믿도록 그 분야의 권위 있는 학자의 저술을 제시하는 것이다. 따라서 학자라 함은 모름지기 각주에 들어가기 위해 공부하는 직업이라 할 수 있다. 때로는 '검증의 편의 제공' 목적도 있다. 자신의 주장을 검증해 볼 테면 해보라는 식으로 주장이 근거한 토대를 제공하는 것이다. 그런데 문학에서 인용은 독자를 속이려는 것이 아니라는 것, 즉 표절 의혹을 피하기 위한 소극적 목적을 갖고 있다. 문학에서는 오마주가 흔한 표현 기법이지만, 논문에서는 출처 표시 누락을 오마주였다고 변명하는 것이 가당치 않은 것은 이 때문이다. 일부 평론가들은 「전설」의 문제된 부분에서 「우국」을 출처로 밝혔어야 했다고 주장한다. 그러나 「전설」이 표절작이 된다면, 그것은 해당 부분에서 출처를 밝히지 않았기 때문이 아니다.

숨기는 것을 표절의 핵심으로 이해하는 정문순과 장은수는 지나치게 도식적이다. 표절의 '기만적 요소'에서는 숨겼는지가 아니라 독자가 속았는지 또는 속을 가능성이 있는지가 중요하다. 작가와 독자가 기준이 되어야 한다. 일부 속은 사람이 있어도 속은 사람의 잘못이나 능력 부족 탓이라면 표절이라 할 수 없다.

학문에서는 출처를 밝혀야 할 데서 빠뜨리는 것을 표절이라 하고 필요 이상으로 과도하게 출처를 표시하는 것을 현학衒學이라

할 때, 현학이 표절보다 낫다는 논리로 표절 예방을 권장한다. 그런데 문학에서는 예술적 완성도를 높이기 위해 때로는 과감히 출처를 생략하기도 한다. 표절에 관한 문학과 학문의 관점 차이를 느낄수 있다. 초기 작품에서 출처를 유난히 자주 밝혀 왔던 장정일은 원작의 권위에 기대고자 했다며 그래서는 모던modern을 성취할 수있었겠냐며 후회한다.[21] 문학을 학문처럼 한 것에 대한 자탄으로 보인다. 반면 정희성은 근작으로 올수록 출처 표시를 자주 사용하고 있는데,[22] 이는 독자에게 친절을 베풀기 위해서만이 아니라, 잘 알려지지 않은 이야기를 가져다 쓰면서 표절의 오해를 피하기 위한 목적도 있어 보인다. 그렇다고 정희성이 예술적, 문학적으로 떨어진다고 말할 수는 없다. 그것은 어디까지나 작가 나름의 문학적 완성을 추구하는 방편으로서 취향이나 선택의 문제일 뿐이다.

시와 소설의 장르적 차이를 감안하더라도, 소설에서 출처를 밝혀야 한다는 것은 문학의 본질을 외면한 것이라는 비판에 귀를 기울일 필요가 있다. 문학적 완성을 위해 스스로를 표절의 위험에 노출하는 작가는 마치 교도소 담장 위를 걷는 이와 같다. 그 위험을 즐기는 작가와 그것이 담장 위에서 벌어지는 것임을 아는 독자들이 있는 한 치명적인 아름다움이 될 수 있다. 논문과 달리 문학적 완성은 표절시비에서 풍랑을 만난 배가 안전히 피해 들어가는 피난처 place of refuge가 되기도 하는 셈이다.

곁가지
— 기준의 정합성

복층적 구조로 되어 있는 '변용'을 단순화하여 오마주나 패러디가
아니면 출처 표시를 해야 한다는 도식적 이해도 문제지만, '완성도
와 성취'에 따라 표절 판단이 달라진다는 관점(윤지관)[23]에도 동의
하기 어렵다. 창조적 변용의 스펙트럼은 매우 다양하여 변용 중에
는 표절이 되는 것과 그렇지 않은 것이 있기 때문이다. 그 정확한
분기점을 제시하기란 한강과 낙동강의 분수령이 된다고 하는 강원
도 태백의 어느 지점을 정확히 찾아내는 것처럼 어려운 일이다. 이
대목에서 「전설」과 「우국」의 우열 논쟁이 벌어지고, 미시마 유키
오를 군국주의자이자 자살을 미화한 작가라고 폄훼하는 것은 합리
적이지 않다. 작품 간 우열은 객관적일 수 없다. 독자나 평자의 선
호와 취향에 상당 부분 의지하기 때문이다. 특히 그 판단의 근저에
국수주의, 도덕주의가 있는 바에야 더 말할 필요가 없다. 중요한 것
은 신경숙이 차용하면서 그것을 충분히 변용했는가에 있다. 변용
이 미수에 그치고 생쌀 씹듯 「우국」이 「전설」에 그대로 남아 있는
지 여부가 관건이다.

　이응준의 말처럼 표절은 시대에 따라 기준이 변하는 '말랑말
랑한 관례'가 아닌 것인가?[24] 표절 금지 윤리도 넓은 의미에서 규
범에 속한다. 규범은 사회에 따라 다르고 시대에 따라 변한다. 표절
판정 기준도 시대에 따라 변해 왔다. 엄밀히 말하면 강화되어 왔다.

중요한 것은 현재의 상황context에 과거의 기준text을 적용해 무르게 판정하거나, 반대로 현재의 엄정한 기준을 과거의 관대했던 상황에 적용해 결과적으로 현재 표절 의혹자에게 쏟아진 비판을 무력화하려는 시도를 경계해야 한다. 워즈워스, 콜리지, 바이런 등은 19세기 낭만파 시인이라는 것 외에 당대 표절시비에 휘말렸다는 공통점이 있다. 그러나 그들의 평판은 살아남았고 표절시비는 오히려 문학성을 돋보이게 하는 장치가 되기도 한다. 사회적 맥락이 달라진 오늘날이었다면 이들은 표절이라는 장애물을 넘지 못했을 것이다. 2015년 상반기 문단에 몰아친 표절 광풍 속에서 침묵이 오히려 문제되기도 했던 남진우는 하반기에 의욕적으로 20세기 전반부 우리 문학의 표절 사례를 파헤쳤지만 기대했던 것보다는 일찍 논의를 끝맺고 말았다. 그의 시도가 성공했다 해서 다른 시대적 맥락에 있는 신경숙에게 쏟아진 화살을 막을 수 있었던 것은 아니다. 그 시대에 맞는 윤리 기준이 있을 뿐이다.

　표절 금지 윤리는 이데올로기나 진영논리 앞에서 흐물흐물해져서는 안 된다. 최원식은 1960년대에서 1990년대까지 한국문학이 한국 사회의 미래를 위해 고투할 때는 표절 논쟁이 요란하지 않았다고 한다. 이 시기를 문학의 '건설기'라 하여 표절이 없었던 것이 아니라 표절 비평이 활발하지 않았던 것으로 이해한다.[25] '건설기'가 문화의 후진적 상태를 의미한다면 공감할 수 있다. 표절 논란은 선진국의 문화적 현상이기 때문이다. 그러나 최원식의 말에는 다분히 이데올로기적 뉘앙스가 풍긴다. 이는 공지영의 『의자놀이』사건*에서도 드러났던 것으로서, 「전설」의 표절 판단을 놓고 대립했던 윤지관과 정문순 논쟁의 근저에서도 발견되는 해묵은 이야기이다. 표절은 이데올로기, 자본의 논리 등 거대 담론으로 덮을 수 있는 문제가 아니다. 이 점에서 출처 표시 누락이 자신의 실수였음을 명백히 인정한 공지영이 초기에 사과하는 태도를 보이다가, 갑자기 인세 수입을 모두 쌍용차 사건 피해자를 위해 쓰려고 했다면서 진영논리에 기댔던 것은 실망스러운 일이었다. 이로 인해 하종강은 두 번 죽어야 했다. 표절의 피해자로 된 것으로 부족해 옳은 일을 하는 사람의 바지춤을 잡은 격이 되었기 때문이다. 표절 논쟁이 가져오는 우리 사회의 가장 비합리적이고 비이성적인 모습의 하나이다. 신경숙 사건도 여러 번 진영논리로 흐를 위험이 있었고, 실제로 문단 권력 논쟁이 병행되기도 했다. 이런 논쟁이 필요 없는 것은 아니지만, 합리적 표절 논의에는 바람직하지 않다.

존경하는 배심원 여러분, 그동안 이 법정 안팎에서 치열한 논쟁이 있었습니다. 그런데 정작 속을 들여다보면 공회전 소리만 요란할 뿐, 본질을 외면한 견지망월見指忘月이 많았습니다. 저는 배심원 여러분의 현명한 판단을 돕기 위해 이 보고서를 작성했습니다. 부

....

• **『의자놀이』 사건** 소설가 공지영은 2012년 쌍용자동차 해고와 파업 문제를 다룬 르포르타주 『의자놀이』를 펴냈는데, 이 책에서 노동운동가 하종강과 르포작가 이선옥의 글을 사용하면서 적합한 인용 표기를 하지 않아 논란이 되었다. 출판사는 책의 추가 출고를 정지하였고, 해당 글을 교체하고 책에 사정을 설명하는 것으로 마무리되었다.

디 '손가락을 보느라見指' '달을 잊는忘月' 대신 '달을 바라봄望月'으로써 역사에 남을 명평결을 내려 주시기 바랍니다.

후기

2015년 6월 발생한 신경숙 소설 「전설」의 표절 논란은 유례를 찾아볼 수 없을 정도로 뜨거웠는데, 이는 작가가 우리 문단에서 차지하는 위상에 문단 권력 논쟁이 더해졌기 때문이었다. 이때는 마침 필자가 『표절론』을 출간(2015년 2월)한 직후여서 본의 아니게 여러 언론으로부터 인터뷰 요청을 받았다. 그런데 이미 편이 갈려 감정적 논쟁이 격화된 상태라 무슨 말을 한들 소모적 논쟁에 휘말릴 것이 분명해 보였다. 더욱이 문단 권력 논쟁으로 비화한 후에는 끼어들 여지가 없기도 했다. 필자는 말을 아꼈다가 1년이 훨씬 더 지난 이듬해 가을 생각을 정리하여 『쏢』에 투고했다. 그 사이 우리 사회에는 조영남, 천경자 사건이 터졌다. 장르는 다르지만 이들 사건과 신경숙 논란은 사법 절차로 나아갔다는 것과 그 후 문단이나 화단의 논의가 실종돼 버렸다는 점에서 공통점이 있다. 고소·고발에서 출발한 형사재판과 별도의 민사재판이 진행되었다. 최종 확정된 것은 아닐지라도 일부는 검찰이나 법원에서 판단이 내려졌지만, 그로써 이들 분쟁이나 갈등이 최종적으로 해결되었다고 믿는 사람은 아무도 없다.

필자는 문학, 예술, 학문, 종교 등의 영역에서 발생하는 갈등은 해당 분야의 전문성과 자율성을 고려할 때 사법적 해결이 어울리지 않는 경우가 있는데도 무조건 사법적 해결을 모색하는 최근 사회 분위기를 비판한 적이 있다.[26] 법률가에 의한 통치를 의미하는 주리스토크라시Juritocracy가 문학, 예술 영역에 확산될 때의 문제점을 지적한 것인데, 이로 인한 문화계의 폐해는 서서히 현실로 드러나고 있다. 문학, 예술 영역의 분쟁이 법원으로 쇄도하고 있지만, 문제는 사법 절차가 갖고 있는 한계를 모르고 있다는 것이다. 법원은 묻는 것에만 답하는 기관이다. 조영남 사건을 예로 들면, 이 사건의 핵심인 저작권침해 논란은 온데간데없이 사기죄로 기소되었기 때문에 법원은 사기죄가 되는지에 대해서만 판단했다. 표절 여부나 누가 작가인지에 관한 논의는 문학, 예술, 미학의 핵심 논의로서, 그 논의 과정에서 문학과 예술이 발전할 수 있다. 그럼에도 정작 해당 분야 전문가들은 손을 놓은 채 법관이 내리치는 망치만 바라보는 형국이 되고 말았다.

언제부터인가 격화된 논쟁이 식어 버린 후에 이런 논의를 다시 꺼내는 것을 금기시하는 분위기가 감지된다. 그러나 이 책에서 과거에 발표한 글을 조금 수정해 다시 내는 것은 갈등을 재점화하거나 조장하려는 것이 아니라 합리적 논의를 하기 위한 것이다. 나아가 이런 논의의 목적은 문학에 있다. 특정인을 벌주려 하거나 이를 토대로 권력 논쟁을 하자는 것이 아니라면, 이러한 논의는 사법부로 갈 것이 아니라 문학 안에서 (필자는 이를 위 글에서 "문학의 법정"이라고 표현했다) 해결하고 해소되어야 한다고 본다. 사법 절차가 시작됐다는 이유로 이 논의가 중단되거나 사라져 버린다면 의혹 당사자뿐 아니라 우리 문학계에도 불행한 일이 아닐 수 없다. 정문순의 문제 제기 후 15년 만에 이응준의 문제 제기로 신경숙의 표절 논란이 재발화되었을 때, 그때 그 논의를 제대로 하지 않은 것을 후회하는 목소리가 많았다. 어떤 점에서는 가운데 세워 놓고 돌을 던지던 시기가 아닌 지금과 같은 "평화의 시기"가 이 문제를 차분히 돌아보고 문학계 내외의 전문가들이 모여 함께 논의하는 데 적기가 아닐까 싶다. 몇 해가 걸릴지 모르는 논의 끝에 명예를 잃은 사람이 있다면 회복될 것이고 어물쩍 넘어간 사람이 있다면 퇴출되는 국면이 올지도 모른다. 문학의 법정에서 내려진 결론이 일반 법정의 판결보다 더 무겁게 느껴지는 사회가 진정 품격 있는 사회가 아닐까.

주

서문

1 구스타프 라드브루흐, 최종고 역, 『법학의 정신』, 종로서적, 1982, 105쪽.

2 권터 슈펜델, 박은정 편역, 「전환 시대의 법학자」, 『라드브루흐의 법철학』, 문학과
지성사, 1989, 27쪽(원출처: Radbruch, G., *Briefe*, 244호, 222쪽).

판사와 책읽기

1 누스바움에 관한 이 부분까지의 서술은 책과 관련한 필자의 또 다른 강연을 풀어
쓴 『책읽기의 쓸모』(창작과 비평, 2016)에 실린 「문학적 재판관: 『시적 정의』」 부
분을 축약한 것임을 밝힌다.

2 마사 누스바움, 박용준 역, 『시적 정의』, 궁리, 2013, 219-231쪽에서 재인용.

3 위의 책, 같은 쪽에서 재인용.

4 리처드 포스너, 백계묵·박종현 역, 『법관은 어떻게 사고하는가』, 한울, 2016,
22-23쪽.

5 위의 책, 104-105쪽.

6 위의 책, 539쪽.

7 위의 책, 541쪽.

8 위의 책, 13-14쪽.

법과 문학, 오만과 편견을 넘어

1 김영태, 「마광수 시선: 솔깃하고 솔직한, 아찔하고 짜릿한!」, 『CBS 노컷뉴스』,
2017. 1. 8. http://www.nocutnews.co.kr/news/4714013#csidx9240576e98af
3dfa77a8d66820c0a26 (2017. 9. 15. 방문).

2   배영대, 「[배영대의 지성과 산책] 남형두 연세대 교수 인터뷰, 천경자·이우환·조
    영남 사건… '문화예술의 사법화'」, 『중앙일보』, 2016. 11. 9. http://news.joins.
    com/article/20842689 (2017. 9. 15. 방문).

3   마광수 교수의 『즐거운 사라』 형사재판에서 마 교수의 변호인이기도 했던 한승
    헌 변호사는 지난 2017년 42년 만에 열린 재심 형사재판에서 무죄선고를 받아
    화제가 되었다. 한 변호사는 1972년 여성동아에 「어떤 조사」라는 글을 통해 이
    른바 '유럽 간첩단 사건'으로 사형당한 김규남 의원(1929~1972)의 죽음을 애도
    하고, 2년 뒤 같은 글을 자신의 책에 다시 실어 반국가단체 구성원의 활동을 찬
    양했다는 이유로 1975년 구속기소 됐었다. 「'시국사건 1호 변호사' 한승헌, 재
    심 끝에 42년 만에 무죄」, 『연합뉴스』, 2017. 6. 22. http://www.yonhapnews.
    co.kr/bulletin/2017/06/22/0200000000AKR20170622095200004.html?in-
    put=1179m (2017. 9. 15. 방문).

4   안경환, 『안경환의 문화 읽기 사랑과 사상의 거리 재기』, 철학과현실사, 2003,
    190-191쪽.

5   문학평론가 임헌영(민족문제연구소장)은 경향신문 창간 70주년을 맞아 2016
    년 10월 6일부터 7개월에 걸쳐 '필화 70년' 시리즈를 연재하였다. 그는 지면
    을 통해 1946년 미군정 때 발생했던 만담가 최불출 테러 사건을 비롯하여, 유
    진오, 함석헌, 남정현, 김지하, 이호철 등을 다루었다. 임헌영, 「[70주년 창간기
    획-문학평론가 임헌영의 필화 70년] (33)연재를 마치며」, 『경향신문』, 2017.
    5. 26. http://news.khan.co.kr/kh_news/khan_art_view.html?artid=
    201705252052005&code=210100 (2017. 9. 15. 방문).
    우리나라에서 발생한 필화 사건은 대체로 권력자를 조롱하거나 이데올로기와 관
    련된 것들이다. 그런데 정치적 이유 외에 외설 시비에 휘말려 논란이 일거나 사법
    처리가 된 사례도 지속적으로 발생했다. 대표적으로 1954년 정비석의 소설 『자유
    부인』, 1992년 마광수의 소설 『즐거운 사라』, 1996년 장정일의 소설 『내게 거짓
    말을 해봐』, 1997년 이현세의 만화 『천국의 신화』 등이 있다.

6   Christopher Thomas McDavid, *I Know It When I See It*: *Obscenity*, *Copy-
    right*, *and the Cautionary Tale of the Lanham Act*, 47 U. Louisville L. Rev.
    561, 581 (2008-2009).

7   *U.S. v. One Book Called "Ulysses"*, 5 F. Supp. 182 (S.D.N.Y. 1933), aff'd, 72
    F. 2d 705 (2d Cir. 1934).

8   *Commonwealth v. Delacey*, 171 N.E. 455 (Mass. 1930).

9   이상 *Mitchell Brothers Film Group v. Cinema Adult Theater*, 604 F.2d 852, 857 (5th Cir. 1979).

10 강윤중, 「[기타뉴스] 홍성담 '예술은 어떤 권력과도 불화해야 한다'」, 『경향신문』, 2017. 2. 13.

11 디지털뉴스팀, 「'대통령 풍자 누드화' 전시 표창원 윤리심판원 회부…반 여성적」, 『경향신문』, 2017. 1. 24.

12 대법원 2011. 10. 13. 선고 2011도11074 판결.

13 대법원 1991. 8. 27. 선고 89도702 판결.

14 대법원 2015. 8. 27. 선고 2012다204587 판결.

15 실제 십여 년 전에 음란물(포르노)이라는 이유로 저작권법상 보호를 받을 수 없는 것이 아닌가 하는 논의가 우리나라에 있었다. 이에 관해서는 남형두, 「합법성과 저작권 보호 요건─음란물을 중심으로」, 『민사판례연구』 통권 제34권, 2012 참조.

16 남형두, 「법과 예술─조영남 사건으로 본 주리스토크라시(Juristocracy)」, 『정보법학』 제20권 제2호, 2016, 62쪽.

17 남형두, 『표절론』, 현암사, 2015, 564쪽.

18 위의 책, 32쪽.

19 『오만과 편견』은 영국의 독특한 상속제도를 소재로, 『사형수 최후의 날』은 프랑스 사형제도를 소재로 한 소설이란 점에서 법이 문학의 중요한 플롯이 된 셈이다.

20 장재은, 「'즐거운 사라' 15년 만에 다시 사법처리」, 『연합뉴스』, 2007. 2. 23.

재산권의 풍경

1   '민주주의'에 따옴표를 붙인 것은 영국의 '자유권' 신장의 역사에서 재산이 없는 일반 백성('민')은 대체로 소외되어 있었고, 어느 정도 재산을 소유한 유산 계급의 '권리'가 이 역사의 주인공이기 때문이다.

2   국내 인터넷이나 기타 자료에서 그의 이름을 '코크'라고 표기하지만, 이는 무지의 소치이다. 영어 철자법이 보편적으로 통일된 것은 18세기 중반 이후이기에 그 이전 시대에는 '소리'와 '철자'가 다소 자의적으로 연결된 경우들이, 특히 고유명사의 경우에는 적지 않았다.

3   '잉글랜드법'으로 다소 어색하게 제목을 옮긴 것은 흔히 '영국'에 포함되는 것으

로 이해되는 스코틀랜드는 대륙법을 토대로 삼는 다른 법 체계를 갖고 있기 때문이다.

4   미국이나 기타 서구 사회에서 유태인에 대해서는 일체의 부정적인 발언을 할 수 없게 하는, 사실상 표현의 자유 박탈은 이후 기타 '소수집단'(동성애자 등)에 대한 표현의 자유 제약으로 확대되었다. 반면 같은 (유태계) '자유주의자'들은 '주류' 기독교 및 기독교 문화에 대해서는 마음껏 비난과 조롱을 하도록 적극 권장하는 분위기를 조장한다. 만약 이 글이 미국에서 나왔다면, 미국 대학과 지식인 사회에서 유태인들이 우월적 지위를 구축하고 있다는 객관적인 사실을 공표한 이 발언도 '반유태주의'에 해당되기에 큰 필화를 자초했을 법하다.

5   전통적인 영국법에서는 체계적인 법전이 없기에, 상식이나 현실과 다소 괴리가 있더라도 법률적 편의를 위해 법정에서 따르는 '법적 허구(legal fiction)'가 적지 않았다.

6   앞서 언급한 '도널드슨 대 베케트 재판'도 그 이전의 유사한 소송들과 마찬가지로, 노동의 주체인 저자보다는 말하자면 저자에게 노동을 시킨 출판업자의 원고에 대한 권리가 영속적인 사유재산이냐 아니냐를 두고 벌인 다툼이라는 점도 다시 강조할 만하다.

국가폭력과 문학

1   막스 베버, 전성우 역, 『직업으로서의 정치』, 나남, 2007, 22쪽.

2   조현연, 『한국 현대정치의 악몽: 국가폭력』, 책세상, 2007, 17쪽.

3   박노자, 『당신을 위한 국가는 없다: 박노자의 삐딱한 국가론, 폭력으로 유지되는 국가와 결별하기』, 한겨레출판, 2012.

4   김동춘, 「국제 제노사이드 연구 현황」, 『한국제노사이드 연구회 창립기념 심포지엄 자료집』, 국가인권위원회 배움터, 2004.

5   위의 글 참고.

6   이삼성, 『20세기의 문명과 야만: 전쟁과 평화, 인간의 비극에 관한 정치적 성찰』, 한길사, 1998.

7   조현연, 『한국 현대정치의 악몽: 국가폭력』, 책세상, 2007.

8   조희연 편, 『국가폭력 민주주의 투쟁 그리고 희생』, 함께읽는책, 2002.

9   김동춘, 『대한민국 잔혹사: 폭력공화국에서 정의를 묻다』, 한겨레출판, 2013. 김

　　동춘은 한국 국가폭력의 기본 골조는 전쟁정치의 메커니즘에다 안보와 치안을 빌미로 자행되는 것이라면서, 한국을 "국가폭력의 백화점"이라고 표현하기도 했다. 김동춘,『전쟁정치: 한국정치의 메커니즘과 국가폭력』, 길, 2013 참조.

10　한국어 번역본은 임마누엘 칸트, 백종현 역,『이성의 한계 안에서의 종교』, 아카넷, 2011.

11　임마누엘 칸트, 정명오 역,『순수이성비판/실천이성비판』, 동서문화사, 2008 참고.

12　알프레드 푸쉬킨, 박형규 역,『삶이 그대를 속일지라도』, 써네스트, 2009.

13　유리 로트만, 김영란 역,『푸시킨』, 고려대학교 출판부, 2013, 302쪽.

14　박정희,「지도자도: 혁명과정에 처하여(2)」,『조선일보』, 1961. 6. 29.

15　문영희 · 김종철 · 김광원 · 강기석,『조선일보 대해부』 3, 안중근평화연구원, 2014.

16　이병주,『그해 5월』, 한길사, 2006.

17　「헌법심의위원회의 발족에 기함」,『경향신문』, 1962. 7. 12.

18　이병주,『대통령들의 초상』, 서당, 1991.

19　안경환,『황용주: 그와 박정희의 시대』, 까치, 2013.

20　이병주,『그해 5월』, 한길사, 2006.

21　이병주,「조국의 부재」, 월간『새벽』, 1960년 12월호.

22　이병주,「통일에 민족역량을 총집결하자」,『국제신보』, 1961. 1. 1.

23　이병주,「조국의 부재」, 월간『새벽』, 1960년 12월호.

24　남재희,『남재희가 만난 통 큰 사람들』, 리더스하우스, 2014.

25　이병주,『그를 버린 여인』, 서당, 1990.

26　이삼성,『미국의 대한정책과 한국민족주의』, 한길사, 1993.

27　정공채,「미8군의 차」,『현대문학』, 1963년 12월호.

28　남정현,「분지」,『현대문학』, 1965년 3월호.

29　한승헌 변호사의『한승헌 변호사 변론사건 실록』(법우사, 2006),『권력과 필화』(문학동네, 2013) 참고.

30　국학자료원 편집부,「한반도의 비핵지대화는 세계평화의 디딤돌」,『남정현 문학전집』 3, 국학자료원, 2007.

31　소설「분지」에 나온 펜타곤의 방송 내용은 다음과 같다.
　　　"어디까지나 성조기의 편에 서서 미국의 번영과 그리고 인류의 자유를 확장시키는 작업에 뜻을 같이한 자유세계의 시민 여러분, 안녕하십니까. 이미 누차 반복하여 말씀드린 바와 같이 여러분들의 귀중한 생명과 재산과 그리고 자유와 안전에 관한 사항을 담당하고 있는 본 펜타곤 당국은, 최근에 극

동의 일각인 코리아의 한 조그마한 산등성이 밑에서 벌어진 그 우려할 만한
사태를 접하고 놀라움과 동시에 격한 분노의 감정을 금할 수가 없었던 것
입니다. 하지만 전 세계의 자유민 여러분! 이제 안심하십시오. 여러분을 대
신하여 본 당국은 바야흐로 역사적인 사명감에 불타고 있습니다. 도대체 그
이름부터가 사람 같지 않은 홍만수란 자가 저지른 그 치욕적인 사건은 분명
히 미국을 위시한 자유민 전체의 평화와 안전에 대한 범죄적인 중대한 도전
행위로 보고 본 당국은 즉각 사태 수습에 발 벗고 나선 것입니다. 축복하여
주십시오."

영향·모방·인용·표절, 그 위태로운 경계들

1   비교문학적 관점에서 울리히 바이스슈타인은 "영향이란 무의식적 모방이요, 모방
    이란 직접적인 영향이다"라고 지적하면서, 영향의 개념을 "어느 작가의 작품 안에
    서 만약 그 작가가 이전 작가의 작품에 접촉하지 않았더라면 유재(有在)할 수 없
    었을 어떤 것"으로 정의하고, 그 범위로 축어적인 번역·번안·모방·영향 등을 포
    함시키고 있다. 그는 특히 부정적인 영향의 대표적인 방법으로 패러디를 언급한
    다. 울리히 바이스슈타인, 이유영 역, 『비교문학론』, 홍성사, 1988, 5-7쪽 참조.

2   논자에 따라 패러디는, 하나의 텍스트가 다른 텍스트를 '조롱하거나 희화화'시킨
    다는 좁은 개념으로 파악되기도 하고, 텍스트와 텍스트 간의 '반복과 다름'이라는
    넓은 개념으로 사용되기도 한다. 넓은 개념의 패러디는 다성성(polyglossia)·상
    호텍스트성(intertextuality)·메타픽션(metafiction)·패스티시(pastiche) 등과
    함께 그 경계를 넘나든다. 패러디를 '기존 작품의 형식이나 특정한 문제를 존속하
    면서 거기에다 이질적인 주제나 내용을 치환하는 일종의 문학적 모방'이라고 주장
    하는 데이비드 키레미디안(David Kiremidjian), 가장 축자적인 인용도 그 '초문
    맥성' 때문에 일종의 패러디가 된다고 보는 미셸 부토(Michel Butor), 패러디를
    앞선 텍스트의 부분적인 변형으로만 보아 하이퍼텍스튜얼리티(hypertextuality)
    를 패러디라고 주장하는 제라르 즈네뜨(Gérard Gennette) 등이 여기에 속한다.

3   알렉스 프레밍거의 『시학사전』에 의하면, 인유란 아마도 지으려는 새로운 시 작
    품 속에 부합되는 재료를 채워 넣어 문학성을 풍부하게 하는 것이다(원출처:
    Preminger, A.(ed), *Princeton Encyclopedia of Poetry and Poetics*, Princeton
    University Press, 1974, 283-285쪽). 좀 더 구체적으로는 특정한 문학작품, 역사

적 사건, 인물, 전설, 신화 등을 구성하고 있는 모든 요소들에 대한 재언급이라 할 수 있다. 특히 김준오는 패러디를 모방적 인유의 한 형태로 파악한다(김준오, 「현대시와 인유적 상상력」, 『문학과 비평』, 1989년 가을호, 문학과비평사, 330쪽). 반면 인용은 이전 사람들의 어구를 변형(variation)시키지 않고 그대로 끌어다 쓰는 것을 일컫는다.

4 린다 허치언, 김상구·윤여복 역, 『패러디 이론』, 문예출판사, 1992(원출처: Hutcheon, L., *Theory of Parody*, Methuen, 1985).

5 해롤드 블룸, 윤호병 편역, 『시적 영향에 대한 불안』, 고려원, 1991(원출처: Harold Bloom, *The Anxiety of Influence: A Theory of Poetry*, Oxford University Press, 1973).

6 저작권심의조정위원회에서는 "어느 저작물이 다른 사람의 저작물의 내용을 새로운 형태의 문학 또는 예술적 표현으로 개작하여 공중에 제공하면서 자신의 독창적인 것처럼 하는 행위"로 규정하고 있다. 저작권심의조정위원회, 『저작권 표준 용어집』, 1993, 89쪽.

7 안정오, 「상호텍스트성의 관점에서 본 표절 텍스트」, 『텍스트언어학』, 한국텍스트언어학회, 2007, 128쪽에서 재인용.

8 리처드 앨런 포스너, 정해룡 역, 『표절의 문화와 글쓰기의 윤리』, 산지니, 2009, 10쪽(원출처: Posner, R. A., *The Little Book of Plagiarism*, Pantheon, 2007).

9 또한 표절은 저작권침해와 상당 부분이 겹치는데, 불법적 복제 행위로서의 저작권침해가 모두 표절이 되는 것은 아니며 표절이 모두 저작권침해가 되는 것도 아니다. 대필(代筆)이나 명의도용(名義盜用) 또한 표절에 포함될 수도 있고 포함되지 않을 수도 있다. 리처드 앨런 포스너, 2009 참조.

10 안정오, 앞의 글, 124-126쪽 참조.

11 해럴드 블룸은 "진정한 시의 역사는 시인이 시인으로서 어떻게 다른 시인을 괴롭혀 왔는가에 대한 이야기이다"라고 피력한 바 있다. 해롤드 블룸, 앞의 책, 157쪽.

12 교육인적자원부의 '인문·사회과학 분야 표절 방지를 위한 지침'에 따르면 여섯 단어 이상의 연쇄 표현이 일치하는 경우, 생각의 단위가 되는 명제 또는 데이터가 동일하거나 본질적으로 유사한 경우, 타인의 창작물을 자신의 것처럼 이용하는 경우 모두 표절로 판정할 수 있다. 「여섯 단어 이상 무단 인용땐 표절」, 『동아일보』, 2008년 2월 22일자.

13 피에르 바야르는 그의 독특한 개념인 '예상표절'의 특징을 닮음, 은폐, 시간적 도치, 부조화, 식별 등으로 설명한 바 있는데 여기서는 이 특징들을 활용하였음을

밝혀 둔다. 피에르 바야르, 백선희 역, 『예상 표절』, 여름언덕, 2010, 43-45쪽, 79 쪽(원출처: Pierre Bayard, *Le Plagiat par Anticipation*, Minuit, 2009) 참조.

14　이 시에 대해 박남철 스스로는 「애아와 애린 사이」라는 메타시에서, "그렇지 않아도 필자는 '늘 술래만 되려 하는 / 도망도 잘 못 치는 / 아빠 없는 돌이를 죽일 테야'라는 구절이 있는 황동규의 「아이들 놀이」라는 시를 「묵상; 예수와 술래」라는 제목을 붙여 패러디해 놓고 있던 차였던 것이다"라고 밝히고 있다. 박남철, 『반시대적 고찰』, 한겨레, 1988.

15　『현대시사상』 1994년 여름호에 발표. 2004년에 출간한 시집 『봄은 전쟁처럼』(세계사)에 수록된 시에는 행/연갈이에 약간의 변화가 있다.

16　『현대문학』 1996년 7월호에 발표. 1997년 2월에 출간한 시집 『눈물 속에는 고래가 산다』(창비)에 수록된 시에는 띄어쓰기 및 연갈이가 개작되어 있다.

17　『현대시학』 1997년 6월호에 발표.

18　현대시문학상의 심사를 맡았던 정진규 시인은 "봄날의 생명적 역동성을 두고 '전쟁'으로 비유하는 것은 보편적 발상이기 때문에 어느 한 시인의 독창적 전유물이 될 수 없다"며 표절로 볼 수 없다고 했다(이경철, 「가버린 순수 시인과 순수성의 확보」, 『문예중앙』 1997년 가을호, 221쪽). 그러나 오세영 시인은 이 시를 발표한 지면(함께 발표한 「서울은 불바다 · 1」의 각주)에서 "1994년 4월 남북대화에서 북쪽은 서울을 불바다로 만든다고 말했다"라고 밝힘으로써, 시적 발상의 계기가 된 구체적인 정황을 강조하고 있다.

19　알라스데어 그레이가 자신의 패러디 소설에서 활용한 문학적 도둑질의 세 유형이다. 린다 허치언, 1992, 67쪽에서 재인용.

문학과 법의 정당한 싸움을 위하여

1　1970년대 후반 관악 캠퍼스로 통합되기 전까지 서울대학교의 단과대학 캠퍼스들은 서울 각지에 흩어져 있었다. 당시 상과대학은 서울시 성북구 종암동에 있었으며, 서울대학교 사범대학 부설고등학교는 그때부터 지금까지 종암동에 있다.

2　Herbert Marcuse, *La dimension esthétique*, Seuil, 1978, 23쪽, 74쪽.

3　정명환, 『젊은이를 위한 문학 에세이』, 현대문학사, 2005, 30쪽.

4　김현, 『김현 문학전집 1: 한국문학의 위상/문학사회학』, 문학과지성사, 1991, 53쪽.

5 위의 책, 185쪽.

6 'Fides'는 라틴어로 '신념', '믿음'이란 뜻이다.

7 이 글은 1987년 민주항쟁의 결과로 탄생한 계간지 『문학과사회』 창간호인 1988년 봄호에 처음 게재되었다. 후에 필자의 평론집 『스밈과 짜임』(문학과지성사, 1988)에 수록되었다.

8 황인철 변호사 추모문집 간행위원회 편, 『'무죄다'라는 말 한마디』, 문학과지성사, 1995.

9 이석태, 「황인철 변호사 연보」, 위의 책, 493쪽.

10 T. S. 엘리엇(T. S. Eliot)의 유명한 장시 「The Waste Land」(1922)를 모르는 분은 없을 것인데, '쓰레기장'을 다룬 빅 무니즈(Vik Muniz)의 영화 〈Waste Land〉(2010)도 같은 제목을 가지고 있다.

11 김병익 선생께 여쭈었더니, 1974년 2월 '노조 결성'을 이유로 이부영 등 후배 기자들이 해직당하는 사건 때문에 '대책위원회'가 결성되었고 그 위원회에 들어가게 된 김병익 선생이 '소송' 문제에 협력을 구하고자 황인철 선생에게 이런저런 부탁을 한 게 계기가 되었다고 한다. 그 후 신문사주 쪽과의 공방을 거쳐 가면서 1974년 10월 김병익 선생은 '기자협회장'에 출마한 것이 빌미가 되어 '외부활동 금지 규정'을 어겼다는 명목으로 무기한 정직을 당하였고, 다음 해 4월 해당 신문사 기자들이 집단으로 해직당하는 사태에 이어, 김병익 선생은 10월에 공식적으로 해직되었다. 소위 '동아투위' 사태의 전말이 그러했다.

12 정현종, 「'무죄다'라는 말 한마디」, 『'무죄다'라는 말 한마디』, 467쪽.

13 르네 지라르 저, 김진식·박무호 역, 『폭력과 성스러움』, 민음사, 1993, 143쪽(원출처: Girard, R., *La violence et le sacré*, Grasset, 1972).

14 위의 책, 156쪽.

15 위의 책, 142쪽.

16 위의 책, 451쪽.

부록: 망월(忘月) ― 배심원단을 위한 표절 재판 보고서

1 이응준, 「우상의 어둠, 문학의 타락 | 신경숙의 미시마 유키오 표절」, 『허핑턴포스트』, 2015. 6. 16.

2 황수현, 「신경숙 '대응 않겠다' 창비 '표절 아니다'… 문단 내에서도 비난」, 『한국

일보』, 2015. 6. 17. 창비 측 언급과 관련된 기사 내용을 옮기면 다음과 같다.

　　창비는 "언론과 독자분들께 '전설'과 '우국' 두 작품을 다 읽고 판단해 주시기를 당부 드린다"며 "표절 시비에서 다투게 되는 '포괄적 비문헌적 유사성'이나 '부분적 문헌적 유사성'을 가지고 따지더라도 표절로 판단할 근거가 약하다"고 단언했다.

3　장은수, 「무엇을 표절이라고 할 것인가」, 『문학동네』 2015 가을호(제84호), 58쪽.

4　정문순은 2015년 신경숙 표절 논란이 있을 때, 언론에 다음과 같이 표절에 관한 의견을 피력한 적이 있다.

　　문학에서 차용은 원저작이 무엇인지 분명히 알 수 있는 패러디나 오마주에 국한하며 원저작의 출처를 밝히지 않거나 원저자의 허락을 구하지 않은 어설픈 베끼기는 어디까지나 글 도둑질인 표절이며 이를 두고 '창조적 변용' 운운하는 것은 글 도둑질을 합리화하는 기상천외한 변명일 뿐이다.

권영미, 「[단독기고문]정문순 평론가 '표절을 표절이라고 부르지 못하는 자의 슬픔이여'」, 『뉴스1』, 2015. 8. 5. http://news1.kr/articles/?2362534 (2018. 9. 21. 방문).

5　남진우, 「판도라의 상자를 열며―표절에 대한 명상 1」, 『현대시학』 2015년 11월호(제558호); 「표절의 제국―회상, 혹은 표절과 문학권력에 대한 단상」, 『현대시학』 2015년 12월호(제559호); 「영향과 표절―『영향에 대한 불안』과 『예상표절』의 사이」, 『21세기문학』 2015년 겨울호(제71호).

6　저작권법 제2조 제1호에서는 저작물의 용어를 다음과 같이 규정하고 있다.

　　제2조(정의) 이 법에서 사용하는 용어의 뜻은 다음과 같다.

　　1. "저작물"은 인간의 사상 또는 감정을 표현한 창작물을 말한다.

7　https://en.oxforddictionaries.com/definition/plagiarism (2018. 9. 1. 방문).

8　윤지관은 "이 두 작품만큼 그 내용이나 사고나 감수성이나 문체 등 문학의 중심 요소들이 그야말로 정반대인 작품도 찾기 힘들 것이다"라고 말한다. 윤지관, 「문학의 법정과 비판의 윤리: 신경숙을 위한 변론3-1」, 한국작가회의 홈페이지 게시판. http://hanjak.or.kr/2012/idx.html?Qy=board&fld=YWxsc2Vhcm-No&words=%C0%B1%C1%F6%B0%FC&nid=1842&page=1 (2018. 9. 21. 방문).

9　최원식, 「우리 시대 비평의 몫?」, 『문학동네』 2015년 가을호(제84호), 48-49쪽.

10　엄밀히 말해 여기서 「전설」의 비교 대상으로서의 「우국」은 김후란(1983년)과 황요찬(1996년)의 번역본이다.

11   미시마 유키오, 김후란 역, 「우국」, 『금각사·우국·연회는 끝나고』, 주우, 1983.

12   미시마 유끼오, 황요찬 역, 「우국」, 『이문열 세계명작산책 2: 죽음의 미학』, 살림, 1996.

13   신경숙, 「전설」, 『오래전 집을 떠날 때』, 창작과비평사, 1996.

14   한윤정, 「문학이란 땅에서 넘어졌으니까 그 땅을 짚고 일어나겠다」, 『경향신문』, 2015. 6. 23.

15   이응준, 앞의 글.

16   위의 글.

17   윤지관, 「문학의 법정과 비판의 윤리: 신경숙을 위한 변론5」, 한국작가회의 홈페이지 게시판. http://hanjak.or.kr/2012/idx.html?Qy=board&fld=YWxsc2Vh cmNo&words=%C0%B1%C1%F6%B0%FC&nid=1857&page=1 (2018. 9. 21. 방문).

18   주 5번의 남진우 글들.

19   최재봉, 「다른 작가의 표현 쓴 사실 밝히면 차용, 숨기면 표절이죠」, 『한겨레』, 2015. 11. 12.

20   남형두, 『표절론』, 현암사, 2015, 323-325쪽.

21   장정일, 「표절을 보호해야 한다」, 『시사IN』 제410호, 2015. 7. 28.

22   필자가 조사한 바에 의하면, 정희성 시에서 주(註)는 1991년에 나온 『한 그리움이 다른 그리움에게』(창작과비평사)에서 나타나기 시작한다. 그런데 초기에는 대개의 경우 지명이나 사람 이름, 호 등을 설명하기 위해 사용하다가, 2001년 『시를 찾아서』(창작과비평사)부터는 다른 이야기를 인용하기 위해 사용하기도 한다. 2008년 출간된 『돌아다보면 문득』(창비)에 오면 전체 63편 중 17편에서 주를 사용하고 있는데 그중 상당수가 인용에 따른 출처 표시다. 한편, 필자가 대조적으로 든 장정일의 경우 초기작인 『햄버거에 대한 명상』(민음사, 1987)에서 주를 즐겨 사용하고 있는데, 설명이나 인용 목적인 경우도 있다.

23   주 17번의 윤지관 글.

24   이응준, 앞의 글.

25   최원식, 앞의 글, 52쪽.

26   남형두, 「법과 예술―조영남 사건으로 본 주리스토크라시(Juristocracy)」, 『정보법학』 제20권 제2호, 2016; 「사회 현상으로서의 주리스토크라시(Juristocra-cy)―사법(私法) 영역을 중심으로」, 『법학연구』 제27권 제1호, 2017.